Giuliano

STARK

Original-Prüfungsaufgaben

TRAINING QUALI
Lösungen

Deutsch

Bayern
2009–2015

STARK

© 2015 by Stark Verlagsgesellschaft mbH & Co. KG
12. ergänzte Auflage
www.stark-verlag.de

Das Werk und alle seine Bestandteile sind urheberrechtlich geschützt. Jede vollständige oder teilweise Vervielfältigung, Verbreitung und Veröffentlichung bedarf der ausdrücklichen Genehmigung des Verlages.

Inhalt

Vorwort

Lösungen A: Training Grundwissen

Lesen – Mit Texten umgehen
    Übung 1 – Übung 9 1
Schreiben – Eigene Texte verfassen
    Übung 10 – Übung 31 11
Sprache und Sprachgebrauch untersuchen
    Übung 32 – Übung 43 37
Rechtschreibung und Zeichensetzung
    Übung 44 – Übung 57 44

Lösungen B: Qualifizierender Abschluss der Mittelschule

Abschlussprüfung 2009

Teil A: Rechtschreibung I und II 2009-1
Teil B: Text 1: *Der Wahnsinnstyp / Während sie schläft* 2009-3
       Text 2: *Faulenzen will gelernt sein* 2009-10

Abschlussprüfung 2010

Teil A: Rechtschreibung I und II 2010-1
Teil B: Text 1: *Jenny* 2010-2
       Text 2: *Nur Mut* 2010-9

Abschlussprüfung 2011

Teil A: Rechtschreibung I und II 2011-1
Teil B: Text 1: *Auszug aus einem Jugendroman* 2011-2
       Text 2: *Faszination Castingshows* 2011-10

Abschlussprüfung 2012

Teil A: Rechtschreibung I und II 2012-1
Teil B: Text 1: *Dschungelkind* 2012-3
       Text 2: *Schmecke die Verschwendung* 2012-8

Abschlussprüfung 2013

Teil A: Rechtschreibung I und II 2013-1
Teil B: Text 1: *Nie mehr* 2013-3
       Text 2: *Deutschlands fleißige Kids* 2013-9

Abschlussprüfung 2014

Teil A: Rechtschreibung I und II 2014-1
Teil B: Text 1: *Verbannung* 2014-3
       Text 2: *Auf dem Sprung – Training im Großstadtdschungel* .. 2014-9

Abschlussprüfung 2015

Teil A: Rechtschreibung I und II 2015-1
Teil B: Text 1: *Erasmus* 2015-3
       Text 2: *Lasst den Kopf nicht hängen!* 2015-9

Jeweils zu Beginn des neuen Schuljahres erscheinen der aktuelle Band „Training Quali" und das zugehörige Lösungsheft.

Autoren der Lösungsvorschläge:
Marion von der Kammer (Training Grundwissen)
Werner Bayer (Abschlussprüfungsaufgaben)

Vorwort

Liebe Schülerin, lieber Schüler,

dieses Buch enthält die Lösungen zum Band *Training Quali Deutsch Mittelschule Bayern* im A4-Format (Best.-Nr. 93545). Es bietet ausführliche und kommentierte Lösungen zu allen Übungen des Trainingsteils sowie zu den Abschlussprüfungsaufgaben.

Die Lösungen ermöglichen es dir, deine Leistung einzuschätzen. Es handelt sich um **Lösungsvorschläge**, die dir zeigen, wie man die Aufgaben richtig und umfassend beantworten kann. Das heißt, dass bei vielen Aufgaben auch andere Lösungen als die hier abgedruckten möglich sind. Die Lösungen sind manchmal recht ausführlich und geben dir Anregungen, was du alles schreiben könntest. Das bedeutet nicht, dass deine Antworten auch immer so lang sein müssen. Wichtig ist, dass du die Hinweise beachtest, die in der Aufgabenstellung genannt sind, und alles **vollständig** und **richtig** bearbeitest.

Außerdem gilt: Versuche stets, die Aufgabe zunächst selbstständig zu lösen, und sieh nicht gleich in der Lösung nach. Wenn du nicht weiterkommst, helfen dir die grau markierten **Hinweise** vor der jeweiligen Lösung. Hast du diese gelesen, arbeitest du auf jeden Fall selbstständig weiter. Am Schluss solltest du deine Lösung unbedingt mit der hier angebotenen Lösung vergleichen sowie deine eigenen Ergebnisse kontrollieren und korrigieren oder ergänzen. Lies zu allen Aufgaben, die du nicht richtig lösen konntest oder bei denen du dir unsicher warst, noch einmal die allgemeinen Erläuterungen in dem entsprechenden Kapitel im A4-Trainingsband.

Viel Spaß beim Üben und vor allem viel Erfolg in der Prüfung!

▶ **Lösungen A
Training Grundwissen**

A Training Grundwissen

Lesen – Mit Texten umgehen

Übung 1

1. a) Textsorte: Reportage

   ✒ **Hinweis:** *Dass es sich um eine Reportage handelt, erkennst du daran, dass ein Problem, das viele Menschen betrifft, anhand eines Beispiels dargestellt wird.*

   b) Thema: Weiterbildung und Karriere nach einem Hauptschulabschluss

   c) Inhalt: Eine Hauptschülerin macht entgegen der Erwartung ihrer Lehrer Karriere, indem sie zunächst den Realschulabschluss und danach das Abitur nachholt und anschließend ein Studium beginnt.

2. ✒ **Hinweis:** *Unterstreichungen: wichtige Textinformationen; graue Markierungen: Textstellen, die mögliche Fragen wecken.*

(K)ein Arbeitsleben auf dem Abstellgleis	?
1 <u>Dass Lena Herber als Hauptschülerin einmal studieren würde, hätte keiner ihrer Lehrer gedacht.</u> <u>Bis zur 3. Klasse konnte sie kaum lesen.</u> Schule war ihr nicht wichtig. Zu Hause kämpfte das Mädchen um 5 die Aufmerksamkeit seiner Eltern. „Irgendwann hat eine Lehrerin mitbekommen, dass ich nicht lesen kann", erinnert sich Lena. „Das fand ich natürlich total doof, denn das hieß für mich Nachhilfeunterricht."	ehemalige Hauptschülerin studiert, konnte bis zur dritten Klasse kaum lesen ?
10 <u>Heute ist Lena 28 Jahre alt und steht kurz davor, ihren Master abzuschließen</u> – in <u>Bildungsmanagement</u>. An diesem Tag besucht die ehemalige Hauptschülerin auf Einladung des Lehrers die <u>9. Klasse einer Hauptschule</u> im Osten Berlins. Lena <u>erzählt</u> 15 <u>den Schülern ihre eigene Geschichte, um Mut zu machen</u>. Es ist still. Keiner der Schüler spricht.	kurz vor Master-Abschluss ? besucht Hauptschulklasse erzählt eigene Geschichte, will Mut machen
<u>Nach der Grundschule kam Lena Herber auf eine Hauptschule.</u> Was das bedeutete, verstand sie lange nicht. „Ich habe mich gewundert, wo meine alten 20 Klassenkameraden sind", sagt sie. „Ich habe auch nicht verstanden, <u>warum die anderen Eltern nicht erlaubten, dass wir wie früher nach der Schule spielen durften.</u>" <u>Mittlerweile kann sie die Entscheidung der Eltern ihrer ehemaligen Spielkameraden ein-</u> 25 <u>ordnen</u>: „Mit Hauptschülern spielt man eben nicht.	kam nach Grundschule auf Hauptschule alte Spielkameraden dürfen nicht mehr mit ihr spielen ? versteht heute, warum ehemalige Freunde nicht mehr mit ihr spielen durften

Die Eltern hatten sicher Angst, dass meine Schwierigkeiten mit dem Lernen auf ihre Kinder abfärben."
„Immer wenn ich in einen Klassenraum an einer Hauptschule gehe, kommen mir die gleichen Ge-
30 fühle entgegen, die ich als Schülerin ebenso fühlte", sagt die junge Frau. „Man spürt immer noch die Unsicherheit, die Chancenlosigkeit, die die Schüler für sich vereinnahmt haben." Die Klasse ist immer noch still. „Was wollt ihr werden?", fragt Lena
35 Herber in die Runde. Erst als sie direkt angesprochen werden, antworten einige Mädchen, dass sie Arzthelferin werden wollen. Für fast alle Wunsch-Ausbildungsberufe ist mindestens ein guter Realschulabschluss nötig.
40 Lena Herber weiß, wie schwierig es ist, einen Beruf zu finden, den man machen möchte, aber mit seinem Abschluss auch machen kann. Als Teenager wollte sie Fotografin werden. Als sie ihrem damaligen Lehrer ihren Wunsch erklärte, sagte der nur:
45 „Such dir was anderes, das kannst du nicht. Dafür brauchst du einen Realschulabschluss." Auf ihre Antwort, dass sie dann eben einen Realschulabschluss mache, habe ihr Lehrer geantwortet, dass sie dafür zu schlecht sei. Hilflos habe sie sich da ge-
50 fühlt, erinnert sich die junge Frau. „Mein Selbstbewusstsein war im Keller."
Sie wollte weg. Weg von dem Gedanken, sie sei nicht gut genug, am besten ins Ausland. Sie wusste nicht, dass es auch Organisationen gibt, die dies für
55 Hauptschüler anbieten. Das passte nicht in ihr Bild. In ihrem Kopf brauchte sie dafür einen Realschulabschluss. Nun hatte die Schülerin ein Ziel. Sie lernte, schrieb gute Noten – und machte mit Leichtigkeit ihren Abschluss. Kurz davor bewarb sie sich eigen-
60 ständig bei der Organisation „Youth for Understanding" und konnte im Anschluss für ein Jahr nach Brasilien. Das Land schien ihr weit weg genug.
„Du warst im Ausland?", fragt einer der Schüler. „Das kann man auch als Hauptschüler? War das
65 schwierig?" Das Thema stößt auf reges Interesse. Viele können sich vorstellen, Deutschland für eine Weile zu verlassen. Daran gedacht, sich bei einer

→ Eltern wollen schlechten Einfluss Lenas vermeiden

Besuche an Hauptschulen erinnern sie an früher: Gefühl von Unsicherheit, Chancenlosigkeit
?

weiß um Schwierigkeit, Wunschberuf ohne entsprechenden Schulabschluss zu erlernen

?

?

→ Gefühl der Hilflosigkeit

wollte am liebsten ins Ausland flüchten

hatte Ziel: Realschulabschluss
→ lernte fleißig, schaffte Abschluss, bewarb sich erfolgreich um Auslandsjahr

?

Auslandserfahrung stößt bei Schülern auf Interesse

A Training Grundwissen

Organisation zu bewerben, hat keiner in der Klasse. **?**
„Ich hätte auch nie gedacht, dass die mich neh-
70 men", sagt Lena Herber. In Brasilien lernte sie innerhalb eines Jahres fließend Portugiesisch sprechen.
Selbstbewusst und erwachsen kam sie zurück nach
Deutschland und machte ihr Abitur. Danach begann
sie Bildungsmanagement in Berlin zu studieren.
75 Ganz bewusst habe sie sich für diesen Studiengang
entschieden: Lena Herber will Bildung so mitgestal-
ten, dass die Möglichkeit, einen höheren Bildungsgrad zu erreichen, nicht mehr vom Zufall abhängt
oder von einem besonders starken Willen einzelner
80 Schüler.
Noch immer ist es in der Klasse ganz leise. Aber
es ist eine andere Stille. Gebannt haben die künfti- **?**
gen Schulabgänger zugehört. Wie geht es ihnen
jetzt? Langes Schweigen. Dann meldet sich der 16-
85 jährige Dave. „Danke, dass du hier warst", sagt er.
„Es ist schön zu sehen, dass man aus etwas Klei-
nem etwas Großes machen kann."

lernt in Brasilien fließend Portugiesisch
→ bei Rückkehr selbstbewusst und erwachsen, fängt an Bildungsmanagement zu studieren
Grund: will Schülern helfen, höheren Bildungsgrad zu erreichen

Schüler sind dankbar, Lena hat ihnen Mut gemacht

Quelle: ZEIT ONLINE 01.06.2010. Bettina Malter: (K)ein Arbeitsleben auf dem Abstellgleis. Im Internet unter: http://www.zeit.de/karriere/beruf/2010-05/perspektive-hauptschueler/seite-1, aus didaktischen Gründen stellenweise gekürzt und geändert.

3. a) Mögliche Warum-Fragen:
   - Warum hat Lena die Schule nicht wichtig genommen?
   - Warum ist sie plötzlich fleißig geworden?
   - Warum hat keiner ihrer Lehrer es für möglich gehalten, dass Lena studieren würde?
   - Warum durften ihre Grundschulfreunde nicht mehr mit ihr spielen?
   - Warum bekam sie keine Unterstützung durch ihren Lehrer?
   - Warum wollte sie unbedingt weit weg?
   - Warum hat sie ausgerechnet Bildungsmanagement studiert?
   - Warum geht sie in Hauptschulen, um ihre Geschichte zu erzählen?

   b) Mögliche Wie-Fragen:
   - Wie hat Lena Herber es geschafft, ins Ausland zu gehen?
   - Wie haben die Schüler auf ihre Erzählung reagiert?
   - Wie hat Lena Herber es geschafft zu studieren?
   - Wie hat der Auslandsaufenthalt sie verändert?
   - Wie ist die Überschrift zu verstehen?

4. a) *siehe Lösung zu Aufgabe 2 (Stichworte am Rand)*
   b) Antworten auf die jeweils ersten beiden Warum-/Wie-Fragen:
   - Lena konnte sich nicht auf die Schule konzentrieren, weil sie um die Aufmerksamkeit ihrer Eltern kämpfte.
   - Plötzlich fleißig geworden ist sie, weil sie ein Ziel hatte: Sie wollte ins Ausland und dachte, dass man dafür einen Realschulabschluss braucht.
   - Lena Herber hat es geschafft ins Ausland zu gehen, indem sie sich selbstständig bei einer Organisation beworben hat.
   - Die Schüler reagierten dankbar und mit Interesse.

5. - Studentin besucht Hauptschulklasse; erzählt ihre Geschichte: von der Hauptschülerin zur Studentin
   - Grund ihres Besuchs: will Schülern Mut machen
   - Ihre Geschichte im Einzelnen:
     - große Schwierigkeiten beim Lernen: kann in der 3. Klasse kaum lesen
     - kommt in Hauptschule
     - kann mit Hauptschulabschluss Wunschberuf nicht erlernen
     - fasst Ziel: Realschulabschluss nachholen
     - lernt fleißig, schafft Realschulabschluss
     - bewirbt sich für Auslandsaufenthalt
     - geht ein Jahr nach Brasilien; lernt dort fließend Portugiesisch
     - kommt selbstbewusst zurück
     - macht Abitur; fängt an, Bildungsmanagement zu studieren
     - Grund für Studium: will Schülern helfen, bessere Schulabschlüsse zu erreichen
   - Reaktion der Schüler: dankbar, fühlen sich ermutigt

Übung 2

Hinweis: Greife jeweils die Hauptinformationen heraus, um das Thema zu bestimmen.

Text A: Im Text geht es um ein Mädchen, das im Internet auf die falschen Angaben eines Chatpartners hereingefallen ist.

Text B: Der Text handelt von einem Jungen, der selbstbewusst genug ist, um sich nicht von seinen Freunden zum Trinken von Alkohol überreden zu lassen.

A Training Grundwissen

Text C: Im Text geht es um die Zunahme von Gewalt unter Kindern und Jugendlichen.

Text D: Der Text berichtet über den Diebstahl des Firmenwahrzeichens der Firma Bahlsen in Hannover.

Übung 3

1. Thema des Textes ist die unerwartet steile Karriere eines Friseurlehrlings.
2. a) Er hatte Angst davor, Fehler zu machen. Außerdem hatte er Probleme mit einigen Kollegen.
   b) Ein intensives Gespräch mit seinem Chef hat ihn umgestimmt.
   c) Jurk war faul und zeigte kein Engagement.
   d) Er hielt ihn für talentiert.
3. Das Sprichwort trifft nur zum Teil auf Jurk zu: Zunächst zeigt dieser während seiner Ausbildung zum Friseur nämlich wenig Engagement. Sein Chef droht ihm deshalb damit, ihn nach der Ausbildung nicht zu übernehmen. Doch dann erfährt Jurk, dass sein Lehrherr früher einmal Friseur-Weltmeister war. Zugleich gibt ihm der Chef deutlich zu verstehen, dass er ihm zutraut, später auch Weltmeister zu werden. Dieses Gespräch macht Jurk so stolz, dass er plötzlich ehrgeizig zu trainieren beginnt.
   Dass er Vizeweltmeister wurde, ist zwar auf sein Talent und auf seine harte Arbeit zurückzuführen, ohne die Unterstützung durch seinen Chef hätte er das aber nicht geschafft.

Übung 4

1. a) Wer als Stuntman arbeiten will, muss sportlich sein.
   b) Bei den Szenen muss sich ein Stuntman die Zeit genau einteilen, sonst wird es für ihn lebensgefährlich.
   c) Ein Stuntman kann die gefährlich wirkenden Szenen nur spielen, weil er das immer und immer wieder geübt hat.
   d) Klappt etwas doch nicht so wie geplant, kommt es in der Regel zu Unfällen mit Verletzungen.

e) Erfahrene Stuntmen betonen, dass sie gelegentlich auch Aufträge ablehnen, wenn ihnen die Stunts zu gefährlich erscheinen.

f) Stuntmen arbeiten fast immer auf Honorarbasis. Die Bezahlung genügt aber meist nicht, um davon den Lebensunterhalt bestreiten zu können.

Übung 5

Hinweis: Zu dieser Aufgabe gibt es verschiedene Lösungen. Wichtig ist, dass deine Überschrift zum jeweiligen Thema passt.

a) Wer ist hier ein Weichei? / Stärke gezeigt / Gruppenzwang / Alkohol gegen Schüchternheit?

b) Zunehmende Gewalt unter Kindern und Jugendlichen / Die Jugend schlägt um sich / Prügeln und zerstören

c) Unbekannte stehlen Firmenwahrzeichen / Vergoldeter Bahlsen-Keks gestohlen / Ungewöhnlicher Diebstahl

Übung 6

a) Urlaubsreisen der Deutschen – 1985 und heute im Vergleich

b) Steigende Nutzerzahlen in sozialen Netzwerken

Übung 7

1. Mobile Internetnutzung

2. a) Internetnutzer in der Bundesrepublik Deutschland
   b) Ende Januar 2011

3. ☐ absolute Zahlen
   ☒ Prozentzahlen

4. a)

Mobile Internetnutzung[1]

Es nutzen, um mobil ins Internet zu gehen –	Internetnutzer insgesamt %	Mobile Internetnutzer %
• Internetfähiges Handy oder Smartphone	19	92
• Tablet-PC	3	14
• Internetfähiger MP3-Player	2	8
• E-Reader[2]	X	2
• Keine mobile Internetnutzung via Handheld-Geräte[3]	79	–

X = weniger als 0,5 Prozent

Basis: Bundesrepublik Deutschland Internetnutzer
Quelle: Allensbacher Computer- und Technik-Analyse, ACTA 2011 © IfD-Allensbach

b) ☐ Social Communities
   ☒ Navigation
   ☐ News
   ☐ Spiele

5. 14 Prozent aller mobilen Internetnutzer verwenden einen Tablet-PC, um mobil zu surfen.

6.

Informationen	A	B	C
Land- und Straßenkarten werden von Handheld-Geräten aus häufiger mobil abgerufen als Spiele.	☐	☒	☐
Der Anteil der Männer, die von unterwegs aus auf soziale Netzwerke zugreifen, ist geringer als der Anteil der Frauen.	☐	☒	☐
Weniger als 0,5 % der Internetnutzer insgesamt verwenden einen E-Reader, um mobil ins Internet zu gehen.	☒	☐	☐
Wer ein Smartphone benutzt, setzt es meist nur für eine begrenzte Anzahl von Anwendungsmöglichkeiten ein.	☐	☐	☒
Über 90 % der mobilen Internetsurfer verwenden ein Smartphone oder ein Handy, um ins Internet zu gehen.	☒	☐	☐
Viele Menschen, die mit einem Tablet-PC ins Internet gehen, nutzen verschiedene Möglichkeiten der Anwendung.	☐	☐	☒
Sportergebnisse werden bei mobiler Nutzung des Internets häufiger von Männern als von Frauen abgerufen.	☐	☒	☐

Übung 8

1. Das Foto zeigt eine Gruppe von sechs Jugendlichen, die irgendwo draußen in einem Kreis zusammenstehen. Es sind vier Jungen und zwei Mädchen. Der Junge hinten in der Mitte scheint in der Gruppe der Anführer zu sein. Er weist mit einer Hand fast drohend auf einen anderen Jungen, der vorn rechts in der Ecke steht und nur von hinten zu sehen ist. Zwischen diesem und dem Anführer läuft offenbar eine Auseinandersetzung ab. Die übrigen vier Jugendlichen stehen daneben und beobachten den Streit gespannt. Sie schauen vor allem auf den Jungen vorne rechts, so als würden sie etwas von ihm erwarten.
    Der Anführer hat eine Flasche hochprozentigen Alkohols in der linken Hand und sieht seinen Gegenspieler herausfordernd an. Ein Mädchen, das aus Sicht des Betrachters rechts neben ihm steht, wirkt zwar auch erwartungsvoll, aber ruhig. Es hat eine Flasche Bier in der Hand und raucht eine Zigarette. Bei dem Mädchen, das vom Betrachter aus links neben dem Anführer steht, kann man am Gesichtsausdruck deutlich erkennen, dass es sehr angespannt ist.
    Der Junge vorne rechts wirkt wie ein Außenseiter, der sich in die Ecke gedrängt fühlt, obwohl er sich äußerlich kaum von den anderen unterscheidet, denn wie sie trägt er auch einen Kapuzenpulli. Offenbar tut er nicht das, was die anderen von ihm erwarten.

2. Mögliche Textstellen:
    - „Er wusste: Wenn er sich jetzt wieder weigerte, Alkohol zu trinken, gehörte er nicht mehr dazu." (Z. 3/4)
    - „Michael war der Wortführer. Breitbeinig stand er da und musterte Sven aus zusammengekniffenen Augen" (Z. 1/2)

3. Die Situation sieht bedrohlich aus. Zumindest der Junge vorn rechts fühlt sich bestimmt sehr unwohl. Der Anführer scheint ihn zu etwas zu drängen, was er nicht möchte, während die anderen darauf warten, dass er klein beigibt. Wie das Ganze ausgeht, kann man nicht vorhersehen. Eine friedliche Lösung scheint aber ausgeschlossen. Entweder zieht sich der Junge, der so bedrängt wird, zurück, oder es kommt zu einer Schlägerei.

4. Was glaubt Michael eigentlich, wer er ist? Er weiß ganz genau, dass ich aus gutem Grund keinen Alkohol trinke: Ich will mal nicht so enden wie mein

Vater! Die anderen scheinen auch nur darauf zu warten, dass ich endlich klein beigebe. Ob ich nicht doch einfach schnell einen Schluck trinken soll? Dann wären sie endlich zufrieden und ich würde mich nicht mehr wie ein Außenseiter fühlen. Andererseits: Auf „Freunde", die nur dann mit mir befreundet sein wollen, wenn ich keine eigene Meinung habe, kann ich wirklich verzichten.

5. Meine Entscheidung: Ich finde, das Bild eignet sich eher nicht.
Begründung: Der Anführer wirkt sehr aggressiv und sieht nicht so aus, als müsse er sich erst Mut antrinken, um Mädchen anzusprechen. Es gehören schließlich schon zwei Mädchen zu der Clique und der Anführer scheint keine Scheu davor zu haben, in ihrer Nähe zu sein. Außerdem wird der Junge, von dem die anderen etwas erwarten, nur von hinten gezeigt, sodass man sein Gesicht nicht sieht. Deshalb kann man auch nicht erkennen, welche Gefühle ihn bewegen.

Hinweis: Wie du dich entscheidest ist egal, wichtig ist aber, dass du deine Meinung überzeugend begründen kannst.

Übung 9

1. Zwei Männer sitzen auf einer Bank und wollen Hamburger essen. Einer von ihnen ist auffallend dick, der andere ist eher normalgewichtig. Sie sind beide lässig mit einer bequemen Hose und einem T-Shirt bekleidet. Vor sich auf dem Boden haben sie Verpackungskartons von Hamburgern abgestellt. Der Kräftigere der beiden scheint bereits im Begriff zu sein, in seinen Burger zu beißen, den er mit beiden Händen hält. Der andere hat zwar ebenfalls den Hamburger in der Hand, doch er hat dessen Hälften auseinandergenommen und schaut zweifelnd auf den Belag.

2. Der Witz besteht zum einen darin, dass der Übergewichtige sich besorgt darüber äußert, dass so viel Essen weggeworfen wird. Fast scheint es, als wolle er sich dafür rechtfertigen, dass er gleich kräftig zulangen wird, nach dem Motto: „Mein Essen landet nicht im Müll!" Der Schlankere dagegen sorgt sich um die Qualität des Essens: „Ja! Aber noch mehr Sorgen macht mir, wie viel Müll im Essen landet!" Aus diesem Grund ist er auch zurückhaltender beim Essen. Trotzdem sieht es so aus, als würde er ebenfalls gleich anfangen zu essen, nur eben mit weniger Appetit.

Witzig sind die Sprechblasentexte auch wegen des Wortspiels: Was der Übergewichtige sagt, wird von dem anderen aufgegriffen. Er dreht die Wörter „Essen" und „Müll" nur um – und erzeugt dadurch einen völlig anderen Sinn.

3. Der Zeichner will zeigen, dass viele Menschen ein ungesundes Verhältnis zu Lebensmitteln haben. Entweder sie essen zu viel und werden dick, oder sie werfen Nahrungsmittel achtlos in den Müll. Darüber hinaus machen sich viele Sorgen um die Qualität ihres Essens, weil sie in den Nachrichten ständig etwas von Lebensmittelskandalen hören. Konsequenzen ziehen sie daraus aber nicht: Sie essen trotzdem weiter Fast Food und Lebensmittel, deren Herkunft sie nicht genau kennen.

4. Essen im Müll oder Müll im Essen?

5. Der Bericht handelt von einem Lebensmittelskandal: In Polen wurde Gammelfleisch zu Würstchen und Fleischwaren verarbeitet. Der Hersteller hat dabei abgelaufenes Fleisch mit frischem Fleisch vermischt. Die Produkte wurden in verschiedene Länder geliefert, auch nach Deutschland.
Die Karikatur passt zu diesem Text, weil der etwas schlankere Mann so besorgt auf seinen Hamburger schaut. Anscheinend hört er häufiger Nachrichten über Lebensmittelskandale, denn ihm bereitet vor allem Sorgen, „wie viel Müll im Essen landet".

Schreiben – Eigene Texte verfassen

Übung 10

1.

2.

Pro	Kontra
wichtige Erfahrungen sammeln → selbstständig arbeiten, Verantwortung tragen	rechtzeitig Job finden → schwierig → frühzeitig darum kümmern
Geld verdienen → Wünsche erfüllen → sparen für Führerschein	verreisen nicht möglich → Urlaubsreisen nur in Ferien
Kontakt mit Berufstätigen → gute Vorbereitung auf Berufsleben	weniger Freizeit → kaum Zeit für Hobbys und Freunde
	keine Erholung → Ferien sind zum Ausruhen da

Hinweis: In der Pro-Spalte sind alle Stichpunkte notiert, die dafür sprechen, einen Ferienjob zu machen. Die Kontra-Spalte enthält dagegen alle Stichpunkte, die dagegen sprechen, einen Ferienjob anzunehmen.

Übung 11

1. a) Textsorte: Brief
   Merkmale: Briefkopf mit Angabe von Ort und Datum, persönliche Anrede des Empfängers, abschließender Gruß und Unterschrift

   Hinweis: Da es sich um einen Brief des Onkels an seinen Neffen handelt, muss im Briefkopf nicht die vollständige Adresse stehen.

   b) Schreiber: Onkel von Max Meier
   Ziel: will seinen Neffen zur Änderung seiner Lebensweise bewegen

   c) Leser: Max Meier, Neffe des Schreibers
   Vorwissen: Schreiber ist Onkel
   Meinung: findet sein neues Leben gut

   Hinweis: Mehr als dass der Schreiber des Briefes sein Onkel ist, weiß Max Meier zu diesem Zeitpunkt noch nicht.

2. bis 4.
   - (Vater des Neffen gestorben)
   - Neffe hat seine Lebensweise geändert — 1
   - neue Lebensweise problematisch! — 2
   - wird bald sein ganzes Erbe verprasst haben — 6
   - soll zur Vernunft kommen! — 4
   - soll wieder seine Pflichten erfüllen — 7
   - soll an seine Zukunft denken! — 5
   - fragt nach Problemen des Neffen — 3
   - bietet Hilfe und Unterstützung an — 8

   Hinweis: Dass der Vater des Neffen gestorben ist, ist eher nebensächlich, da es ja bekannt ist. Von der Reihenfolge her ist es sinnvoll, so vorzugehen:
   Als Erstes nennt der Schreiber, also der Onkel, den Anlass seines Briefes: Er hat erfahren, dass der Neffe seine Lebensweise komplett geändert hat. Dies bereitet ihm Sorgen.
   Danach könnte er sich fragen, ob es möglicherweise Gründe dafür gibt, z. B. weil Max mit der Trauer um den Tod des Vaters nicht fertigwird.
   Anschließend sollte der Onkel seinem Neffen gut zureden und ihn dazu auffordern, wieder zur Vernunft zu kommen. Begründung: Neffe soll an die Zukunft denken, Erbe wird sonst bald verprasst sein.
   Danach appelliert der Onkel an seinen Neffen, wieder seine Pflichten zu erfüllen.
   Zum Schluss könnte er Max seine Hilfe und Unterstützung anbieten.

A Training Grundwissen

5. Schreibplan:

Einleitung	• Hinweis auf Kenntnis über Änderung der Lebensführung • Ausdruck von Sorge
Hauptteil	• Frage nach den möglichen Gründen (Probleme?) • Aufforderung, wieder zur Vernunft zu kommen • Neffe soll an seine Zukunft denken • Mahnung: Erbe sonst bald verprasst • Ausdrücklicher Appell an Neffen, wieder Pflichten zu erfüllen
Schluss	• Angebot: Bereitschaft zu Hilfe und Unterstützung

Übung 12

Hinweis: Nenne im Briefkopf zunächst Ort und Datum, danach erfolgt die für einen persönlichen Brief typische Anrede (Lieber Max, …). Erst dann beginnst du mit dem eigentlichen Text. Dabei darfst du die einzelnen Stichpunkte aus deinem Schreibplan nicht einfach nur zu vollständigen Sätzen ausformulieren und aneinanderreihen, sondern du musst deine Darstellung auch noch ein wenig anreichern. Überlege, was der Onkel jeweils erläuternd hinzufügen könnte, um den Neffen mit seinen Aussagen zu überzeugen. Am Ende folgt der abschließende Gruß.

Freising, den …	*Ort und Datum*
Lieber Max,	*Anrede*
mir ist zu Ohren gekommen, dass du deine Lebensweise nach dem Tod deines Vaters vollkommen geändert hast. Offenbar liegst du bis zum späten Vormittag im Bett und machst dir einfach einen bequemen Tag. Ehrlich gesagt: Das bereitet mir große Sorgen!	*Einleitung* Anlass des Schreibens: Hinweis auf Kenntnis über Änderung der Lebensführung, Ausdruck von Sorge
Natürlich frage ich mich auch, ob es Gründe für diese drastische Veränderung gibt. So, wie ich dich bisher kenne, passt es gar nicht zu dir, dass du nur noch das tust, wozu du Lust hast, und nicht mehr zur Arbeit gehst. Kann es sein, dass dich der Tod deines Vaters so getroffen hat und du die Trauer noch nicht bewältigt hast?	*Hauptteil* Frage nach den möglichen Gründen
Ich rate dir dringend: Komme so schnell wie möglich wieder zur Vernunft! So kann es doch nicht weitergehen. Denke an deine Zukunft! Wenn du nicht wieder zu deiner alten	Aufforderung, wieder zur Vernunft zu kommen, an die Zukunft zu denken

Lebensweise zurückkehrst, wirst du noch im Elend landen. Irgendwann wirst du nämlich das Erbe deines Vaters ganz und gar verprasst haben. Wovon willst du dann leben? Im schlimmsten Fall endest du noch als Obdachloser auf der Straße.

Mahnung: Erbe sonst bald verprasst

Gib dir also einen Ruck und kehre zu deiner gewohnten Lebensweise zurück! Stehe morgens wieder pünktlich auf und erledige deine Pflichten! Das ist bestimmt besser für dich. Vielleicht lenkt es dich von der Trauer um deinen verstorbenen Vater ab. Er wird ja dadurch nicht wieder lebendig, dass du nur noch den Kopf in den Sand steckst und dich zu nichts mehr aufraffst. Außerdem wird es dir bestimmt bald langweilig werden, wenn du nur noch vor dem Fernseher sitzt oder durch Einkaufszentren schlenderst. Im Übrigen: Stell dir mal vor, was dein Vater dazu sagen würde! Er wäre entsetzt.

ausdrücklicher Appell, wieder Pflichten zu erfüllen

Begründung: besser für ihn

Lieber Neffe, als dein Onkel bin ich natürlich jederzeit bereit, dich zu unterstützen, falls es dir schlecht gehen sollte. Das bin ich nicht zuletzt auch meinem Bruder schuldig. Allerdings ist es schon nötig, dass du dich auch an mich wendest und mir sagst, weshalb du so untätig geworden bist. Solange ich nicht verstehe, was mit dir los ist, kann ich dir auch nicht helfen. Ich erwarte also deine Antwort!

Schluss
Angebot von Hilfe und Unterstützung

Aufforderung zur Antwort

Herzliche Grüße
Dein Onkel Rudi

abschließender Gruß

Übung 13

Hinweis: Überlege, worin jeweils der Mangel besteht: Ist der Ausdruck umgangssprachlich? Dann ersetze ihn durch einen Ausdruck der Standardsprache. Oder ist eine Formulierung grammatisch unvollständig? Dann vervollständige sie.

1. Lieber
2. deinen Brief
3. Sorgen
4. unangebracht/unnötig
5. geht es mir ganz gut

A Training Grundwissen

6. Vater
7. nur getan, was er von mir verlangt hat/seine Anweisungen befolgt
8. hart gearbeitet
9. ganz in Ordnung/ganz richtig
10. Es kann sein
11. richtig
12. gearbeitet
13. anzusammeln/zu verdienen
14. Spaß gehabt/(sich) ausgeruht
15. sehr schade/schrecklich
16. dass ich (nur beim ersten Mal)
17. irgendwann/eines Tages (an einer Stelle statt „einmal")
18. nie/viel zu selten
19. Es ist gut möglich
20. Das erste „beide" streichen!
21. als Obdachloser auf der Straße
22. sehr gut
23. Herzliche Grüße

Übung 14

Hinweis: Bleibe beim Einleitungssatz noch sehr allgemein, was den Inhalt betrifft.

a) In dem Artikel „Hals- und Beinbruch!" von Leon Winkelmeyer, der am 14.06.2013 im Städtischen Presseblatt erschienen ist, geht es um die Merkmale und Besonderheiten des Berufs Stuntman.

b) In Christine Nöstlingers Kurzgeschichte „Morgenworte" geht es um einen jungen Mann, der sich an einen Leitspruch seines verstorbenen Vaters falsch erinnert und deshalb ein völlig anderes Leben als dieser führt.

Übung 15

✏ **Hinweis:** *Wie du weißt, sollst du in der Einleitung Auskunft über diese Informationen geben: Textsorte, Titel, Verfasser und Thema. Wenn du die Textsorte nicht sicher bestimmen kannst, sprichst du einfach von einem „Text". Und wenn dir der Name des Verfassers nicht genannt wird, kannst du das kurz erwähnen. Entscheidend ist, dass du das Thema richtig bestimmst. Gib noch keine Einzelheiten wieder, sondern bleibe eher allgemein – gerade so, dass das Thema des Textes gut umrissen wird.*

Der Text „Die Schauergeschichten der Gegenwart", der am 26.04.2013 auf der Internetseite von MSN erschienen ist, berichtet über sogenannte urbane Legenden. Dabei handelt es sich um unglaubliche, meist gruselige Geschichten, die auch Wandersagen oder Großstadtmythen genannt werden. Der Verfasser, dessen Name nicht bekannt ist, informiert die Leser über die Entstehung dieser Geschichten, ihre Verbreitung und die Merkmale, an denen man sie erkennt.

Übung 16

1./2.
Stuntmen übernehmen in gefährlichen Actionszenen, sogenannten Stunts, die Rollen der Schauspieler. ⌈Um⌉ das leisten zu können, müssen sie ⌈nicht nur⌉ sportlich sein, ⌈sondern auch⌉ über schauspielerisches Talent verfügen. ⌈Anders als⌉ andere Szenen werden Stunts nur einmal gedreht; ⌈deshalb⌉ ist vorab ein hartes Training nötig, ⌈damit⌉ alles auf Anhieb klappt. ⌈Auch⌉ die Zusammenarbeit im Team ist wichtig, ⌈weil⌉ sich die Beteiligten aufeinander verlassen müssen.
Stuntmen müssen ⌈aber auch⌉ in der Lage sein, ihr eigenes Können richtig einzuschätzen, ⌈damit⌉ sie sich keinen unnötigen Risiken aussetzen. Profis sagen, <u>sie würden Aufträge, die ihnen zu gefährlich erscheinen, auch einmal ablehnen</u>.
⌈Da⌉ immer mehr Actionfilme gedreht werden, gibt es beim Film genügend Aufträge für Stuntmen. ⌈Allerdings⌉ ist der Verdienst nicht hoch. Die meisten Stuntmen, die in der Regel freiberuflich tätig sind, können von den Honoraren kaum ihren Lebensunterhalt finanzieren.

Übung 17

Hinweis: Im Hauptteil sollst du auf Einzelheiten eingehen. Hüte dich aber davor, zu genau zu werden. Auf konkrete Beispiele, die im Originaltext angeführt sind, brauchst du nicht einzugehen. Versuche, deine Informationen gut strukturiert zusammenzufassen. In der Regel kannst du dich dazu an den Absätzen im Originaltext orientieren.

Eine Wandersage beginnt in der Regel mit den Worten, dass ein Freund von einem Freund diese Geschichte erlebt habe. Die Vorstellung, dass jemandem aus dem näheren Umfeld eine solche Geschichte passiert sein könnte, macht sie nämlich glaubhafter.

In letzter Zeit sorgt vor allem das Internet für eine schnelle Verbreitung der Großstadtmythen, es wurden aber auch schon Bücher und Filme darüber veröffentlicht.

Die urbanen Legenden beschäftigen sich vor allem mit menschlichen Ängsten und sollen die Gefühle der Zuhörer oder Leser ansprechen.

Laut Text sind einige dieser Gruselgeschichten schon mehrere Jahrzehnte alt. Ihren Ursprung haben sie in Märchen. Deshalb vermitteln fast alle einen gut gemeinten Ratschlag oder eine Lebensweisheit.

Typisch für urbane Legenden ist, dass man nicht weiß, aus welcher Quelle sie stammen. Auch gibt es sie in mehreren Varianten: So spielt z. B. ein und dieselbe Geschichte an verschiedenen Orten.

Übung 18

Hinweis: Abschließend kannst du Überlegungen zu der Frage anstellen, weshalb die Großstadtmythen heute überhaupt ein Thema sind.

Eigentlich müsste man nach kurzem Nachdenken erkennen, dass die erzählte Geschichte nicht wahr sein kann. Trotzdem halten sich urbane Legenden hartnäckig. Fachleute führen dies zum einen auf die unkomplizierte Verbreitung über das Internet zurück. Zum anderen meinen sie, dass es den Menschen ein Bedürfnis sei, anderen etwas zu erzählen.

Übung 19

Der Text handelt von einer jungen Frau, die nach einer unglücklichen Schullaufbahn mit abschließendem Hauptschulabschluss weitere Bildungsabschlüsse geschafft hat und zusätzlich Auslandserfahrungen sammeln konnte.
Als Erstes hat sie mit viel Fleiß den Realschulabschluss nachgeholt. Dann war sie ein Jahr in Brasilien, wo sie fließend Portugiesisch lernte. Nach ihrer Rückkehr nach Deutschland schaffte sie sogar noch das Abitur und hat anschließend angefangen zu studieren. Mittlerweile steht sie kurz vor dem Abschluss ihres Bildungsmanagement-Studiums. Diesen Studiengang hat sie gewählt, weil es ihr wichtig ist, Kinder und Jugendliche bei ihrem Weg durch die Schule zu unterstützen. Aus diesem Grund besucht sie auch regelmäßig Schulen, um den Schülern dort von ihren Erfahrungen zu erzählen und sie zu ermutigen. Von einem dieser Schulbesuche berichtet die Reportage.

Übung 20

a) Elsa ist es unangenehm, dass ihre Mutter das Badezimmer betritt, während sie sich noch schminkt. Sie versucht aber, ihre Anspannung zu verbergen.

b) Elsa will auf jeden Fall verhindern, dass ihr die Mutter auch noch in ihr eigenes Zimmer folgt. Da sie ihre Mutter aber nicht verletzen will, wagt sie es nicht, die Türe hinter sich abzuschließen.

c) Elsa ist so verzweifelt über die Situation mit ihrer Mutter, dass sie ihre Wut und ihre Traurigkeit gar nicht in Worte fassen kann. Zugleich wagt sie es nicht, ihrem Ärger laut Luft zu machen, denn sie will ihrer Mutter nicht zeigen, was sie fühlt.

Übung 21

1. Textstelle 1: „… als ihre Mutter aus dem Zimmer nebenan zu ihr hereinkam, unter dem Vorwand, sie wolle sich nur die Hände waschen." (Z. 2–5)
    Hinweis: Die Mutter tut nur so, als ob sie sich die Hände waschen muss. In Wirklichkeit will sie nur in Elsas Nähe sein.

Textstelle 2: „‚Komm, ich mach dir Platz', sagte sie zu ihrer Mutter und lächelte ihr zu." (Z. 18/19)

✐ **Hinweis:** Elsa sagt, dass sie das Bad verlassen will, damit ihre Mutter mehr Platz hat. Der wahre Grund ist, dass sie mit ihr nicht im selben Raum sein möchte.

Textstelle 3: „Elsa tat, als ob ihr inzwischen etwas anderes eingefallen wäre, und machte sich an ihrem Tisch zu schaffen." (Z. 31–33)

2. Elsa ist zunächst wütend auf ihre Mutter: Es stört sie, dass sie sich nicht in Ruhe im Bad schminken kann, und sie fürchtet sich vor einem unkontrollierten Wutausbruch: „Kein einziges Mal würde sie sich mehr beherrschen können" (Z. 69/70). Aber sie empfindet auch Mitleid mit ihrer Mutter. Das erkennt man daran, dass sie an deren Situation denkt: Sie ist sich bewusst, dass ihre Mutter seit dem Tod des Vaters viel allein ist und sich langweilt (vgl. Z. 74–76). Sie weiß, dass die Mutter aus diesem Grund ständig ihre Nähe sucht (vgl. Z. 76/77). Am Schluss geht ihr außerdem durch den Kopf, „dass ihre Mutter alt und oft krank war" (Z. 93/94). Wenn sie für ihre Mutter kein Mitleid empfinden würde, dann kämen ihr solche Gedanken gar nicht.

Übung 22

Die Erfahrungen, die man im Betriebspraktikum macht, sind nicht geeignet, dem Praktikanten einen Einblick ins Berufsleben zu ermöglichen.	Behauptung/These
Der Chef und die anderen Mitarbeiter werden einem Praktikanten kaum anspruchsvolle, interessante Aufgaben zuweisen. Wahrscheinlich werden sie ihm nur Dinge auftragen, bei denen nichts schiefgehen kann. Andernfalls müssten sie sich sehr viel Mühe geben, um ihn einzuweisen, und dazu fehlt ihnen sicher die Zeit.	Begründung (Teil 1)
Vielleicht fordern sie den Praktikanten deshalb auf, zwischendurch den Fußboden zu fegen. Oder er wird gebeten, für die Frühstückspause Kaffee zu kochen. Und in der übrigen Zeit steht er tatenlos herum und sieht den anderen beim Arbeiten zu.	Beispiel
Was für Erfahrungen kann man dabei machen? Neu sind Fegen und Kaffeekochen jedenfalls nicht, denn das kennt	Begründung (Teil 2)

man schon von zu Hause. Solange ein Praktikant nur nebensächliche Aufgaben erledigt oder anderen beim Arbeiten zusieht, wird er kaum etwas hinzulernen. Eigentlich ist seine Anwesenheit in dem Betrieb dann eine reine Zeitverschwendung.
Einen Einblick ins Berufsleben bekommt er so nicht. → Fazit: Bestärkung der These

Übung 23

1.

Städtisches Presseblatt
9. April 2013

Nur Randale und Zoff im Kopf!

Aufgeschlitzte Sitzpolster in der S-Bahn, beschmierte Schultoiletten, verbeulte und zertretene Mülleimer an jeder Straßenecke, und wenn man nicht aufpasst, wird man auf offener Straße mit „Alter, was guggst du? Bin ich Kino, oder was?" angepöbelt.

Heutigen Jugendlichen scheinen Umgangsformen ein Fremdwort zu sein. Hat man sich früher noch darüber beschwert, wenn ein Jugendlicher eine ältere Person nicht gegrüßt hat, muss man heute noch froh sein, wenn man bei einer Begegnung mit Jugendlichen erst gar nicht bemerkt wird. Denn mittlerweile kämpft die „Generation Randale" nicht mehr nur mit Schimpfwörtern, sondern auch mit Schlagringen und Klappmessern. Das Ganze wird dann mit dem Handy gefilmt und als Heldentat ins Internet gestellt.

Bei dieser Gelegenheit können sich die Jugendlichen dort auch gleich Anregungen für die nächste Attacke gegen wehrlose Opfer holen. Sie kennen sich nämlich bestens darin aus, auf welchen Seiten sie sich illegal[1] gewaltverherrlichende Filme oder PC-Spiele herunterladen können.

Wer so beschäftigt ist mit sinnloser Gewalt, hat natürlich keine Zeit für Schule und Lernen. Schlechte Noten interessieren inzwischen nicht einmal mehr die völlig überforderten Eltern. Zum Glück gibt es ja die Sozialhilfe, die die jugendlichen Schläger später einmal durchfüttert.

Eine schöne Jugend haben wir da!

2.

Pro	Kontra	
Jugendliche haben heutzutage keine Umgangsformen mehr.	Nicht alle sind gleich: Viele benehmen sich durchaus vorbildlich.	1
Sie beleidigen andere und sind gewaltbereit.	Viele Jugendliche bemühen sich um höfliches Auftreten.	1
Sie schrecken auch vor illegalen Handlungen nicht zurück.	Sie engagieren sich in Vereinen und anderen sozialen Einrichtungen.	2

Pro	Kontra	
Sie wollen nichts lernen.	Die meisten von ihnen streben gute Noten in der Schule an.	3
Ihre Eltern sind überfordert.	Viele Eltern kommen gut mit ihren Kindern zurecht.	
Sie gehen davon aus, später Sozialhilfe zu bekommen.	Viele Jugendliche haben den Wunsch, einen Beruf zu erlernen und finanziell unabhängig zu sein.	3

3. Schreibplan:

Einleitung	Hinführung zum Thema + Äußern der vertretenen Meinung: • Bezug auf Artikel „Nur Randale und Zoff im Kopf!" (9. 4. 2013) • stimme der Meinung des Verfassers nicht zu • Verfasser stellt Verhalten der Jugendlichen sehr einseitig dar
Hauptteil	Gegenargument + Entkräftung: • Gegenargument: Jugendliche ohne Benehmen • Aber: nur wenige; Verfasser verallgemeinert zu stark; gibt auch Erwachsene, die sich schlecht benehmen wichtiges Argument deiner Seite: • These: viele Jugendliche bemühen sich um höfliches Auftreten • Begründung: wollen von anderen wertgeschätzt werden • Beispiel: bieten älteren Personen im Bus ihren Sitzplatz an wichtigeres Argument deiner Seite: • These: Jugendliche zeigen hohes soziales Engagement • Begründung: engagieren sich in sozial orientierten Vereinen und Einrichtungen • Beispiel: Sammeln von Spenden oft durch Jugendliche wichtigstes Argument deiner Seite: • These: Jugendliche zeigen hohe Leistungsbereitschaft in Schule und Ausbildung • Begründung: investieren viel Zeit und Mühe in ihre Bildung, wollen gute Zeugnisse; oberstes Ziel: Arbeitsplatz finden und unabhängig sein • Beispiel: viele Schüler nehmen Nachhilfe, teils sogar um aus bereits guten Noten sehr gute Noten zu machen
Schluss	Fazit – deine Meinung als Ergebnis der Argumentation: • Artikel wird einem Großteil der Jugendlichen nicht gerecht

4. Vorname Nachname   *Briefkopf*
   Straße Nr.
   Postleitzahl Ort

   An das
   Städtische Presseblatt

                                    (Ort), 10.04.2013

   Sehr geehrte Damen und Herren,

   in Ihrem Artikel „Nur Randale und Zoff im Kopf!"   *Einleitung*
   vom 9. April 2013 unterstellen Sie den Jugendlichen
   von heute, unberechenbare Schläger ohne einen Fun-
   ken Anstand zu sein. Ich möchte Ihnen hiermit in aller
   Form widersprechen! Ihre Darstellung ist nicht nur
   sehr verallgemeinernd, sondern auch einseitig.

   Es ist zwar richtig, dass es einige Jugendliche gibt, die   *Hauptteil*
   gerne „Randale und Zoff" betreiben, Sie können aber   *Gegenargument*
   nicht einfach behaupten, dass jedes zerfetzte Sitzpols-   *entkräften*
   ter und jeder zerbeulte Mülleimer auf die Rechnung
   eines Jugendlichen geht. Auch betrunkene Erwachsene
   können für mutwillige Zerstörung verantwortlich sein.
   Dies kann man gut auf Volksfesten beobachten, auf
   denen gerne mal ein Bier zu viel getrunken wird.

   Zahlreiche Jugendliche bemühen sich durchaus um ein   *wichtiges Argument*
   höfliches und freundliches Auftreten. Junge Leute ha-
   ben, wie andere auch, das Bedürfnis, von ihren Mitmenschen wertgeschätzt zu werden. Erst vor einigen
   Tagen habe ich in einem Bus beobachtet, wie ein Junge
   seinen Sitzplatz einer älteren Dame angeboten hat.

   Außerdem zeigen sehr viele Jugendliche in sozialen   *wichtigeres Argument*
   Vereinen und Einrichtungen, dass sie sich sehr wohl
   um das Allgemeinwohl kümmern: Sie sammeln im
   Auftrag der Kirche Spenden für ärmere Länder, sie helfen bei den Tafeln der größeren Städte, beteiligen sich
   an Wohltätigkeitsveranstaltungen oder zeigen Verantwortung in Vereinen und Jugendgruppen.

   Auch die Behauptung, dass den jungen Leuten Bildung   *wichtigstes Argument*
   egal wäre, weise ich entschieden zurück: Jugendliche

verwenden sogar sehr viel Zeit und Mühe für die Schule. Die meisten von ihnen wollen ein gutes Zeugnis erlangen. Dafür nehmen sie sogar teure Nachhilfestunden in ihrer Freizeit in Kauf. Dabei steht der Wunsch, einen guten Arbeitsplatz zu bekommen und finanziell auf eigenen Beinen zu stehen, ganz oben. Für dieses Ziel zeigen die Schüler viel Einsatz und Leistungsbereitschaft.

Der Artikel in Ihrer Zeitung lässt all diese Fakten außer Acht und bringt Anschuldigungen ohne einen einzigen Beweis vor. Er ist deshalb meiner Meinung nach überhaupt nicht geeignet, der Jugend in der heutigen Gesellschaft gerecht zu werden. *Schluss*

Mit freundlichen Grüßen
Vorname Nachname

Übung 24

Hinweis: Auch in diesem Fall empfiehlt es sich, im Hauptteil zunächst einen möglichen Einwand zu entkräften. Steigere deine eigenen Argumente dann nach Wichtigkeit: Am Schluss trägst du das wichtigste Argument vor. Vergiss nicht, alle deine Thesen gut zu begründen. Gerade bei diesem Thema bietet es sich übrigens an, mit Beispielen nicht zu sparen.

Komm zur Benimm-AG!
Wer betritt zuerst ein Restaurant – die Frau oder der Mann? Darf man einem Gastgeber einen Blumenstrauß in Folie überreichen? Das sind nur zwei Beispiele, die zeigen: Viele Benimm-Regeln sind in Vergessenheit geraten. Aus diesem Grund soll an unserer Schule die Arbeitsgemeinschaft „Benimm ist in!" ins Leben gerufen werden. Ziel der neuen AG ist es, die wichtigsten Grundsätze wieder in Erinnerung zu rufen. *Einleitung*

Möglicherweise fragen sich jetzt einige von euch: Was soll das? Benimm-Regeln sind heute doch gar nicht mehr wichtig! Das sieht man schon daran, wie anders die Leute im Vergleich zu früher gekleidet sind. Früher war es z. B. so, dass man sich fein anzog, wenn man ins Theater ging. *Hauptteil*
Gegenargument

Heute geht jeder ins Theater, wie er will. Niemand wird schief angeguckt, bloß weil er mit Jeans und Pullover im Publikum sitzt.

Und doch: Ich meine, gutes Benehmen ist auf jeden Fall wichtig, auch heute noch. Wer sich zu benehmen weiß, macht nämlich einen besseren Eindruck auf andere. Man wirkt freundlicher und auch sicherer. Kein Wunder, denn wer sich richtig benimmt, kann sich ruhiger und gelassener in seinem Umfeld bewegen, und das wirkt sich positiv auf die Ausstrahlung aus. *wichtiges Argument*

Auch als Gast sollte man wissen, was richtig und was falsch ist. Wer die üblichen Tischmanieren nie gelernt hat, kann alle möglichen Fehler machen. Vielleicht schlürft er sein Getränk laut hörbar, weil ihn nie jemand darauf aufmerksam gemacht hat, dass man das nicht tut. Oder er nimmt die Aufforderung, es sich bequem zu machen, zu wörtlich und lümmelt unhöflich auf seinem Sitzplatz. Ich frage mich, ob so jemand noch einmal beim gleichen Gastgeber eingeladen wird. Zumindest wird man hinterher über so einen Gast tuscheln. *wichtigeres Argument*

Bei Bewerbungsgesprächen ist gutes Benehmen natürlich besonders wichtig. Das beste Zeugnis nützt nichts, wenn ein Bewerber Kaugummi kauend und mit den Händen in den Hosentaschen das Büro des Personalchefs betritt. Das dürfte jedem klar sein. Aber was ist mit den anderen „Kleinigkeiten"? Wann setzt man sich hin: erst wenn man dazu aufgefordert wird – oder einfach dann, wenn man sieht, wo ein Stuhl frei ist? Und wer streckt wem die Hand entgegen: der Personalchef dem Bewerber – oder umgekehrt? *wichtigstes Argument*

Ich denke, es ist eine gute Idee, dass diese AG an unserer Schule eingerichtet wird! Gutes Benehmen ist für jeden von uns vorteilhaft. Die neue Arbeitsgemeinschaft ermöglicht es dir, genau das zu lernen. Nutze deine Chance und nimm teil! *Schluss*

Übung 25

1.

Stichpunkt	Begründung für deine Auswahl
Nr. 3	Lernen mit praktischen Erfahrungen verbinden zu können ist sinnvoll, muss die Schulleiterin überzeugen
Nr. 1	Schulleiterin könnte Sinn der Aktion infrage stellen, weil die Summe, die dabei von der Klasse erzielt wird, nicht allzu hoch sein dürfte; Hinweis auf Teilnahme vieler anderer Schulen: Gesamtsumme beträchtlich → Teilnahme doch sinnvoll
Nr. 11	in den Medien häufig Diskussion über fehlende Werte bei Jugendlichen → Hilfsbereitschaft sollte unterstützt werden

2. mögliches Gegenargument: Stichpunkt Nr. 5 – Mögliches Organisationsproblem

3. **Hinweis:** *Solltest du andere Stichpunkte gewählt haben, um deine Argumente auszuformulieren, so wäre das nicht falsch. Entscheidend ist, dass du deine Thesen gut begründest und möglichst auch mithilfe von Beispielen veranschaulichst. Nenne als Erstes den Anlass, der dich dazu bringt, deine Meinung in Form eines Briefes aufzuschreiben. Achte beim Schreiben des Hauptteils darauf, dass du deine Argumente nicht einfach nur aufzählst, sondern sie auch miteinander verknüpfst. Am Schluss solltest du unbedingt noch einmal dein Anliegen klar zum Ausdruck bringen.*

Vorname Nachname	**Briefkopf**
Klassensprecher 9 b	*Absender*
Anne-Frank-Schule	
85049 Ingolstadt	

Elisabeth Schmitt	*Empfänger*
Schulleiterin	
Anne-Frank-Schule	
85049 Ingolstadt	

Ingolstadt, 10.04.2013   *Ort, Datum*

Liebe Frau Schmitt,   *Anrede*

dass Sie gegen die Teilnahme unserer Klasse am Aktionstag für Afrika sind, hat uns alle sehr enttäuscht. Als Klassensprecher möchte ich Ihnen deshalb noch einmal genau darlegen, warum wir es richtig fänden, uns an dieser Aktion zu beteiligen.   *Einleitung / Grund des Schreibens und Meinung*

Sie sagen, die Teilnahme an diesem Aktionstag würde zu viel Organisation erfordern und Ihnen zusätzlich Arbeit bereiten, die Sie zurzeit nicht leisten könnten. Aber wir versprechen Ihnen, dass wir alles, was dafür organisiert werden muss, selbst in die Hand nehmen. Das Einzige, was Sie merken werden, ist, dass alle Schüler einen Tag lang nicht in der Schule sind.	**Entkräften eines Gegenarguments** *kein Entstehen von zusätzlicher Arbeit für die Schulleiterin*
Uns liegt wirklich sehr daran, an diesem Aktionstag teilzunehmen, weil wir im Ethikunterricht gerade das Thema „Armut in der Dritten Welt" behandelt haben. Die Texte, die wir dazu gelesen haben, und die Filme, die wir gesehen haben, waren sehr bewegend und interessant.	**Argument 1** *Hinweis auf Unterrichtsthema*
Aber genügt das, um wirklich bleibende Erfahrungen und Kenntnisse zu erwerben? Wir finden, dass uns da etwas fehlt. Solange wir nur immer Informationen entgegennehmen, ohne selbst aktiv zu sein, hinterlassen Unterrichtsinhalte nur wenige Spuren in unserem Gedächtnis. Wir fänden es deshalb wichtig, auch einmal außerhalb der Schule tätig zu werden. Wir möchten selbst erfahren, was es bedeutet, mehrere Stunden lang zu arbeiten. Es wird wahrscheinlich nicht viel sein, was der Einzelne dabei verdienen kann. Aber immerhin kann dann jeder für sich hochrechnen, was für ein Monatslohn am Ende dabei herauskommen würde. Das könnte uns helfen, zumindest ein wenig zu verstehen, was es bedeutet, arm zu sein. Auf diese Weise würde der Unterricht im „Schonraum Schule" zumindest ein wenig durch praktische Erfahrungen bereichert.	*These (hier als Frage formuliert): es genügt nicht, immer nur Texte zu lesen und Filme anzusehen* *Begründung: wichtig, einmal außerhalb der Schule aktiv zu werden* *Unterricht durch praktische Erfahrungen bereichern*
Da uns das Problem der Armut in der Dritten Welt sehr berührt hat, möchten wir außerdem einen kleinen Beitrag dazu leisten, den Menschen dort zu helfen. Auch wenn die Summe, die wir durch eine eintägige Arbeit zusammenbekommen, vermutlich nicht sehr hoch sein wird, wäre dieses Geld doch ein Beitrag zur Hilfe. Im Übrigen wären wir ja nicht die einzige Klasse,	**Argument 2** *These: Wunsch, Beitrag zu leisten, um Menschen in Afrika zu helfen*

A Training Grundwissen

die an diesem Aktionstag für Afrika teilnimmt. Es gibt in ganz Deutschland Schulen, die sich dafür engagieren – und das schon seit Jahren. Wenn man all die erzielten Beträge der verschiedenen Schulen zusammenrechnet, dürfte die Summe doch ganz beträchtlich sein. Unsere Teilnahme wäre also durchaus sinnvoll.

Im Ethikunterricht lernen wir, dass es gut ist, anderen zu helfen; wenn wir dann tatsächlich helfen wollen, dürfen wir doch nicht daran gehindert werden! In den Medien hört man in letzter Zeit oft, dass die Jugendlichen keine Werte mehr haben, nur noch an sich denken, ständig vor dem Computer sitzen oder shoppen gehen und im schlimmsten Fall gewalttätig werden oder andere mobben. Nun zeigen wir, dass wir etwas tun wollen, um Menschen zu helfen, denen es schlecht geht. Sollte die Schule diese Bereitschaft nicht aufgreifen und unterstützen?

Wir hoffen jedenfalls sehr, dass Sie Ihre ablehnende Haltung noch einmal überdenken und es uns doch ermöglichen, unser Vorhaben in die Tat umzusetzen.

Mit freundlichen Grüßen
Vorname Nachname

Begründung: Einnahmen der Klasse allein zwar gering, aber Teilnahme vieler Schulen → hohe Summe

Teilnahme sinnvoll

Argument 3
These: Wille zur Hilfsbereitschaft darf nicht behindert werden

Begründung: Hilfsbereitschaft sollte von der Schule unterstützt werden

Schluss
Bekräftigung der Bitte

abschließender Gruß mit Unterschrift

Übung 26

1.

Ideen	+/−
(Autofahren macht Spaß)	
früher Erwerb des Führerscheins sinnvoll: Lernen in jungen Jahren leichter	+
Kosten für Eltern nicht zumutbar: teure Fahrstunden, nach Fahrprüfung weitere Ausgaben: eigenes Auto für Jugendliche unerschwinglich, steigende Benzinpreise, teure Reparaturen → Finanzierung unklar	−
in Städten gut ausgebautes Nahverkehrsnetz → Autofahren nicht nötig	−
durch Fahrstunden abgelenkt, Verpassen einiger Schulstunden: Sonderfahrten, z. B. Autobahnfahrt, Lernen für die theoretische Prüfung	−

Ideen	+/−
Unabhängigkeit von den Eltern: Fahrten zum Sportverein, zu Abendveranstaltungen etc. → Führerschein für Jugendliche gut und sinnvoll	+
(Mit Führerschein Eindruck auf Freunde machen → steigert das Ansehen bei Gleichaltrigen)	
Möglichkeit, Eltern zu unterstützen: Besorgungen erledigen → früher Führerscheinerwerb auch gut für die Eltern	+

2. Pro-Argumente:

	Behauptung	Begründung	Beispiel
Argument 1	Führerschein macht unabhängig	Entwicklung von Selbstständigkeit auch gut für Eltern	eigenständiges Fahren zum Sportverein usw.
Argument 2	früher Erwerb des Führerscheins sinnvoll	Lernen in jungen Jahren leichter	Schwimmen, Radfahren: alles besser frühzeitig lernen
Argument 3	Führerscheinerwerb auch gut für Eltern	Unterstützung der Eltern möglich	Besorgungen erledigen (Getränkekästen)

Kontra-Argumente:

	Behauptung	Begründung	Beispiel
Argument 1	Führerschein zu teuer, Kosten nicht zumutbar für Eltern	nach Prüfung entstehen weitere Kosten	eigenes Auto, Benzin, Reparaturen
Argument 2	Schulleistungen eventuell gefährdet	keine volle Konzentration auf Schule	Lernen für Theorieprüfung, Sonderfahrten während Schulstunden
Argument 3	Führerschein nicht unbedingt nötig	gutes Nahverkehrsnetz in fast allen Städten	Möglichkeit, mit Bus und Bahn Ziel zu erreichen

A Training Grundwissen

3. ✏ **Hinweis:** *Du könntest die einzelnen Argumente auch anders bewerten. Entscheidend ist, dass du jedes Argument so darstellst, dass der Leser daraus problemlos ableiten kann, für wie wichtig du es hältst.*

Schreibplan:

Einleitung	**Hinführung zum Thema:** in den USA Führerschein im Alter von 16 möglich: für deutsche Teenager verlockend → sinnvoll auch in Deutschland?
Hauptteil	**Gegenseite:** • wichtigstes Argument: Führerscheinerwerb teuer, Eltern kaum zuzumuten • weniger wichtiges Argument: Gefahr von schlechten Schulleistungen • unwichtigstes Argument: in Städten gut ausgebautes Nahverkehrsnetz → früher Erwerb des Führerscheins unnötig **eigene Seite:** • unwichtigstes Argument: Wunsch der Jugendlichen nach Selbstständigkeit, nach Unabhängigkeit von den Eltern • etwas wichtigeres Argument: Unterstützung der Eltern möglich (Besorgungen mit dem Auto erledigen) • wichtigstes Argument: Lernen fällt in jungen Jahren leichter
Schluss	**Fazit – deine Meinung als Ergebnis der Argumentation:** früherer Erwerb des Führerscheins gut, Senkung der Altersgrenze ein Gewinn an Freiheit

4. ✏ **Hinweis:** *Versuche, Zusammenhänge zwischen den einzelnen Argumenten herzustellen. Bemühe dich, bei jedem Argument passende Beispiele anschaulich darzustellen.*

In den USA ist es üblich, dass Jugendliche schon im Alter von 16 Jahren den Führerschein machen. Für deutsche Teenager klingt das verlockend. Viele Jungen und Mädchen hierzulande würden sich wünschen, auch schon so früh die Fahrerlaubnis zu bekommen. Aber wäre das tatsächlich sinnvoll und richtig?	*Einleitung* *Hinführung zum Thema*
Immerhin sind die Fahrstunden und die Fahrprüfung teuer. Und anschließend entstehen noch weitere Kosten, die den Eltern kaum zuzumuten sind. Beispielsweise bräuchte man ein eigenes Auto, um genügend Fahrpraxis zu bekommen. Bei den steigenden Benzinpreisen und den Kosten für mögliche Reparaturen wäre das kaum zu bezahlen.	*Hauptteil* *1. Kontra-Argument* These: hohe Kosten Begründung: weitere Kosten nach Prüfung Beispiel: eigenes Auto, Benzin usw.

Außerdem besteht die Gefahr, dass man in den Schulleistungen nachlässt, weil man sich auf das Lernen für die theoretische Fahrprüfung konzentriert und weniger für Klassenarbeiten übt. Hinzu kommt, dass man auch einige Schulstunden versäumen würde, denn es gibt Fahrstunden, auf deren Termine man keinen Einfluss hat, z. B. bei Sonderfahrten wie der Autobahnfahrt. Auch beim Termin für die Fahrprüfung wird keine Rücksicht auf den Stundenplan der Schule genommen. Im Übrigen stellt sich die Frage, ob es wirklich nötig ist, schon so früh den Führerschein zu haben. Es stehen genügend andere Transportmittel zur Verfügung. Zumindest in den Städten ist das Netz des öffentlichen Nahverkehrs so gut ausgebaut, dass man gar kein Problem haben dürfte, seine Ziele zu erreichen. Selbst auf dem Land gibt es Busse und Bahnen, die einen in die nächste Stadt befördern. Die meisten Jugendlichen besitzen außerdem ein Fahrrad, sodass sie schon deshalb mobil genug sind. Und notfalls springen auch die Eltern als Fahrdienst ein.

Allerdings fühlt man sich als Jugendlicher im Alter von 16 Jahren eigentlich schon zu alt dafür, ständig von den Eltern umherkutschiert zu werden. Man möchte schließlich selbstständig werden und von ihnen unabhängig sein. Auch sollte man Rücksicht auf seine Eltern nehmen. Vielleicht gefällt es ihnen ja gar nicht, ständig Absprachen darüber zu halten, an welchen Tagen der Sohn oder die Tochter zum Sportverein oder zur Disco gefahren werden möchte.

Für die Eltern wäre es hin und wieder sogar sehr nützlich, wenn ihr Kind sich schon mit 16 Jahren hinter das Steuer setzen dürfte. Der Sohn oder die Tochter könnte sie dann im Alltag ein wenig unterstützen, indem er oder sie Besorgungen für die Eltern erledigt, wie das Einkaufen von Getränkekästen. So würde man seinen Eltern auch zeigen, wie sehr man es schätzt, dass sie einem den Führerschein finanziert haben.

2. Kontra-Argument
These: Gefahr: schlechtere Schulleistungen

Begründung: Ablenkung durch Lernstoff für theoretische Prüfung; versäumte Schulstunden

Beispiel: Termine für Sonderfahrten und Fahrprüfung

3. Kontra-Argument
These: früher Führerscheinerwerb unnötig

Begründung: andere Transportmittel zur Verfügung

Beispiel: Busse und Bahnen, Fahrrad, Eltern

1. Pro-Argument
These: Wunsch nach Unabhängigkeit

Begründung: Rücksichtnahme auf Eltern

Beispiel: Fahrten zum Sportverein, zur Disco

2. Pro-Argument
These: Unterstützung der Eltern möglich

Begründung: gelegentliche Besorgungen

Beispiel: Getränke holen

Vor allem aber ist bekannt, dass man gerade in jungen Jahren besonders gut lernen kann. Nicht ohne Grund gibt es dafür seit Langem ein Sprichwort: „Früh übt sich, was ein Meister werden will." So gesehen wäre es doch gut, wenn Jugendliche den Führerschein so früh wie möglich machen könnten. Sie würden das Autofahren dann zu einem Zeitpunkt lernen, zu dem es ihnen leichtfällt. Man lernt ja auch das Schwimmen oder Radfahren nicht erst im Alter von 20 oder 30 Jahren. Alles in allem bin ich also doch dafür, die Altersgrenze für den Erwerb des Führerscheins herabzusetzen. Dadurch wäre ja niemand verpflichtet, sich gleich im Alter von 15 Jahren bei einer Fahrschule anzumelden. Es würde jedem freistehen, ob er im Alltag weiter mit Bus und Bahn fährt oder nicht. Aber allein die Möglichkeit zu haben, früh das Autofahren zu lernen, wäre schon ein Gewinn an Freiheit. Ich jedenfalls wäre froh, wenn ich diese Wahl hätte.

3. Pro-Argument
These: Lernen in jungen Jahren leichter

Begründung: Autofahren zu einem Zeitpunkt lernen, zu dem es leichtfällt

Beispiel: Schwimmen/Radfahren

Schluss
Fazit: Befürworten des frühen Führerscheinerwerbs

Übung 27

Hinweis: Schildere als Erstes den Ablauf des Tages. Dabei solltest du an geeigneten Stellen schon Elsas Gefühle zum Ausdruck bringen. Am Schluss schreibst du, welche Gedanken ihr durch den Kopf gehen. Wichtig ist, dass du dich an den Textinhalten orientierst. Du darfst also nichts erfinden, was sich nicht aus dem Text ableiten lässt. Gelegentliche Verwendung von umgangssprachlichen Ausdrücken ist erlaubt, denn das Tagebuch ist nur für den Schreiber selbst gedacht.

Samstag, 22. Dezember 2012

Liebes Tagebuch,

heute war es wieder schrecklich mit Mutter. Ich stand gerade im Badezimmer vor dem Spiegel, um mich zu schminken, als sie mal wieder hereinkam. Wie immer ganz zaghaft und vorsichtig. Dieses rücksichtsvolle Getue allein nervt mich schon! Angeblich musste sie sich bloß kurz die Hände waschen. Aber das war natürlich nur ein Vorwand! In Wirklichkeit wollte sie einfach mit mir reden. Ich fand das schrecklich und musste mich furchtbar beherrschen, um sie nicht anzuschreien. Zum Glück ist mir das auch gelungen. Ich glaube, ich habe sie sogar angelächelt und ihr gesagt, dass das Bad für uns beide zu eng sei. Dann bin ich in mein Zimmer gegangen.

Dort habe ich die Tür von innen zugemacht. Dabei habe ich noch lange die Klinke in der Hand gehalten, so als müsste ich das Zimmer verbarrikadieren. Das hat natürlich nichts genützt. Erstens konnte ich nicht ewig so stehen bleiben; also habe ich die Türklinke irgendwann doch losgelassen. Und zweitens kam sie dann trotzdem. Ich habe einfach so getan, als wäre ich mit dem Schminken schon fertig und müsste jetzt was erledigen. Deshalb habe ich mich an meinen Schreibtisch gesetzt und ihr vorgespielt, ich sei furchtbar beschäftigt. Da ging sie dann zum Glück wieder.

Ich halte das Zusammenleben mit Mutter wirklich nicht mehr aus. Am liebsten würde ich ausziehen. Ich bin ja alt genug, und mein eigenes Geld verdiene ich auch schon. Irgendwann habe ich einen günstigen Moment abgewartet und bin einfach abgehauen, ohne mich von Mutter zu verabschieden. Sonst hätte sie mir bestimmt wieder tausend Fragen gestellt: Wohin ich will? Was ich vorhabe? Ob sie nicht mitkommen kann? Ich kenne sie ja.

Ich habe die Tram genommen und bin in die Stadt gefahren, dorthin, wo die Post ist. Irgendwann hatte ich mal gehört, dass dort eine Wohnungsvermittlung sein soll. Leider habe ich sie nicht gefunden. Auch die Leute, die ich danach gefragt habe, konnten mir nicht weiterhelfen. Ich hätte doch im Telefonbuch nachsehen und mir die Adresse rausschreiben sollen. Na schön, dann suche ich mir eben gleich nach den Weihnachtsfeiertagen eine eigene Wohnung!

Zum Glück war Mutter schon im Bett, als ich heimkam. Ich setzte mich noch eine Weile in meinen Sessel, ohne Licht einzuschalten, und schaute durch die Fenster in die dunkle Nacht hinaus. Und jetzt packte mich erst richtig die Verzweiflung! Mir ging nun auch Mutters Situation noch einmal durch den Kopf. Seit Vaters Tod ist sie immer so allein. Ich bin der einzige Mensch, den sie noch hat. Außerdem ist sie schon alt, und sie ist auch oft krank. Da hat sie mir plötzlich leid getan. Wäre es wirklich richtig auszuziehen?

Andererseits: Ich will auch mein Leben leben! Und Mutters aufdringliche Art geht mir einfach auf die Nerven. Ich halte das nicht mehr aus! Was soll ich bloß tun? Mit wem kann ich mal darüber reden?

Ich glaube, es hilft nichts: Ich muss mit Mutter sprechen. Es gibt keine andere Lösung. Vielleicht ändert sie ihr Verhalten ja doch, wenn ich ihr sage, wie sehr es mich stört, dass sie ständig hinter mir herschleicht. Schließlich: Woher soll sie eigentlich wissen, dass mir das nicht passt? Ich hoffe nur, dass ich das fertigbringe und nicht wieder einen Rückzieher mache...

Übung 28

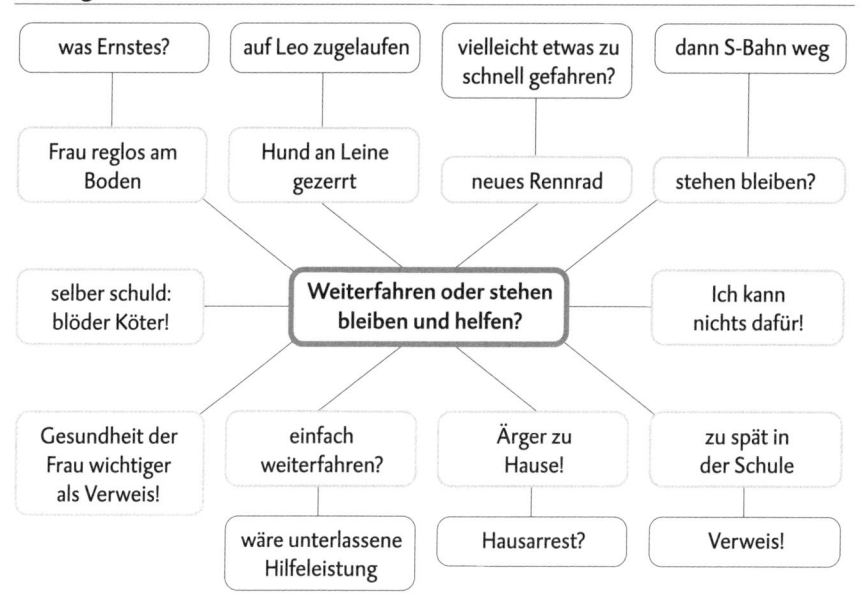

- was Ernstes?
- auf Leo zugelaufen
- vielleicht etwas zu schnell gefahren?
- dann S-Bahn weg
- Frau reglos am Boden
- Hund an Leine gezerrt
- neues Rennrad
- stehen bleiben?
- selber schuld: blöder Köter!
- **Weiterfahren oder stehen bleiben und helfen?**
- Ich kann nichts dafür!
- Gesundheit der Frau wichtiger als Verweis!
- einfach weiterfahren?
- Ärger zu Hause!
- zu spät in der Schule
- wäre unterlassene Hilfeleistung
- Hausarrest?
- Verweis!

Meine Güte, was mach ich bloß? Jetzt liegt die Alte da unten und rührt sich nicht. Ob die sich was gebrochen hat? Warum steht die denn nicht wieder auf? – Eigentlich müsste ich ihr wohl helfen. Aber dann kriege ich die S-Bahn nicht mehr! Und dann komm ich zu spät zur Schule. Ist ja leider nicht das erste Mal. Diesmal gibts bestimmt 'nen Verweis und obendrauf ganz schön Ärger zu Hause. Papa wird sicher stinksauer. Wahrscheinlich verdonnert er mich zu vier Wochen Hausarrest. – Aber was ist, wenn der Frau was Ernstes passiert ist? Wenn ich ihr nicht helfe, ist das unterlassene Hilfeleistung. Ich glaub, so heißt das. – Warum kommt die auch plötzlich mit ihrem dämlichen Köter um die Ecke? Konnte ich doch nicht wissen, dass die da plötzlich auftaucht! Eigentlich hab' ich ja gar nichts gemacht. – Vielleicht bin ich 'n bisschen schnell gefahren. Das neue Rennrad ist ja auch toll. – Trotzdem: Meine Schuld ist das nicht! Der Hund ist einfach auf mich zugelaufen. Da hat er sie mitgezerrt... Andererseits: Was ist eigentlich wichtiger: So'n Wisch von der Schule oder die Gesundheit der Frau? Ich fürchte, ich komm nicht drum rum... – Verdammt, andere Leute kommen auch mal zu spät zur Schule! Ich muss sie zumindest mal fragen, was sie hat und ob ich ihr helfen kann.

Übung 29

Hinweis: Du solltest den Brief an die Mutter so schreiben, dass er vom Ton her zu Elsas Persönlichkeit passt. Wie schon beim Tagebucheintrag müssen sich die Inhalte, die du erwähnst, aus der Kurzgeschichte entnehmen lassen. Allerdings kannst du bestimmte Dinge ein wenig ausschmücken, z. B. Elsas Gedanken daran, dass die Mutter sie verwöhnt. Frage dich: Wie könnte diese Verwöhnung aussehen?

München, 23. Dezember 2012

Liebe Mutter,

ich muss dir ein Geständnis machen: Gestern war ich so wütend auf dich, dass ich drauf und dran war, mir eine eigene Wohnung zu suchen. Wie du wohl gemerkt hast, bin ich irgendwann am Nachmittag einfach weggegangen. Eigentlich wollte ich eine Wohnungsvermittlung aufsuchen. Leider (oder zum Glück?) habe ich sie nicht gefunden. So war ich notgedrungen davor bewahrt, Hals über Kopf einen Schritt zu tun, den ich später vielleicht bereut hätte. Als ich zurückkam, lagst du schon im Bett. So hatte ich genügend Zeit und Ruhe, um nachzudenken.

Mutter, ich weiß sehr wohl, dass du mich liebst. Du verwöhnst mich auch, z. B. indem du mir regelmäßig mein Lieblingsessen kochst. Auch sorgst du dafür, dass meine Kleidung immer frisch gewaschen ist, und du machst sogar regelmäßig mein Zimmer sauber. Ich weiß das sehr wohl zu schätzen, auch wenn ich das fast nie sage.

Trotzdem fühle ich mich oft unwohl. Ich habe einfach das Gefühl, dass du mich wie ein kleines Kind behandelst. Dabei bin ich doch schon 20 Jahre alt, und ich bin auch schon berufstätig! Mein Eindruck ist, dass ich mich gar nicht frei entfalten kann, weil du dauernd hinter mir herläufst, um mit mir zu reden. Gestern war das mal wieder der Fall. Da kamst du ausgerechnet zu dem Zeitpunkt ins Bad, als ich gerade damit beschäftigt war, mich zurechtzumachen. Musste das denn sein? Du sagtest, du wolltest dir nur kurz die Hände waschen. Aber gibt es nicht auch in der Küche ein Waschbecken?

Mir ist klar, dass du dich seit Vaters Tod allein fühlst. Du hast so gut wie keine Kontakte zu anderen Menschen mehr, nur zu mir. Ich frage mich: Warum ist das so? Als Vater noch lebte, hattet ihr doch auch Freunde und Bekannte. Warum triffst du dich nicht mehr mit ihnen? So ist es ja kein Wunder, dass du deine ganze Aufmerksamkeit auf mich richtest. Das gefällt mir aber nicht! Gewiss, ich hätte dir seit Langem schon sagen sollen, dass ich das nicht mag. Ich weiß auch nicht, warum ich das noch nicht getan habe. Irgendwie habe ich es einfach nicht fertiggebracht, dir zu sagen, wie es mir geht, wenn du mich

umsorgst wie eine Glucke ihr Küken. Ich glaube, ich hatte Angst vor dem Konflikt mit dir. Vielleicht hätte ich mich nicht beherrschen können, hätte mich womöglich im Ton vergriffen und dann wäre es zum Streit zwischen uns gekommen.
Jetzt aber denke ich, dass es wirklich Zeit für ein Gespräch ist. Ehe ich mir eine eigene Wohnung suche, sollten wir noch einmal miteinander reden. Vielleicht finden wir ja doch eine Lösung für unser Zusammenleben, mit der wir beide zufrieden sind. Ich wünsche mir das jedenfalls.
Was hältst du davon, wenn wir es uns am 1. Weihnachtstag nach dem Essen gemütlich machen und in Ruhe unsere Lage besprechen? Ich fände das schön!

Liebe Grüße
Deine Elsa

Übung 30

Fortsetzung des Hauptteils
- Bahnhof: Manuel läuft an den Bahnsteigen entlang
- Anzeige auf Tafel: Rückfahrt nach Hause in 30 Minuten
- Problem: Er hat kein Geld für ein Rückfahrticket

Schluss
- Manuels Entschluss: Er erzählt dem Fahrkartenverkäufer seine Geschichte

Fortsetzung des Textes
Zögernd geht Manuel an den einzelnen Bahnsteigen vorbei. An der Fahrplanübersicht bleibt er stehen. Um 13:30 Uhr fährt der nächste Zug zurück, das wäre in einer halben Stunde. Aber so einfach ist die Sache doch nicht. Schließlich hat er wieder kein Geld für die Fahrkarte, und wenn der Fahrkartenkontrolleur kommt, würde er aus dem Zug fliegen. Jedenfalls müsste er an der nächsten Station aussteigen. Was dann? Gibt es keinen anderen Weg?
Manuel ist allmählich überzeugt davon, wieder nach Hause zurückzukehren. Er ist sich nur nicht sicher, wie er vorgehen sollte.
„Wahrscheinlich ist es am besten, wenn ich ehrlich bin", sagt er sich schließlich. Er gibt sich einen Ruck und geht zum Fahrkartenschalter. Dort erzählt er dem Fahrkartenverkäufer etwas kleinlaut seine Geschichte. Er hat Glück: Der freundliche Mann ruft Manuels Eltern an, die ihren Sohn überglücklich vom Bahnhof abholen.

Übung 31

Mann, hab ich Hunger! Seit zwei Tagen hab ich fast nichts mehr gegessen. Und kalt ist mir auch. Eigentlich will ich nur noch nach Hause. Ärger hin oder her... Wieder in einem richtigen Bett schlafen, das wär schön! Und in die Badewanne! – Aber wie komm ich jetzt nach Hause? Ich hab ja gar kein Geld mehr! Nicht einen Cent! – In dem Kaff hier kenn ich mich überhaupt nicht aus. Wie heißt das hier noch: Ludwigslust? Lust ist gut! Mir ist gar nicht lustig zumute. – Ich glaub, ich muss doch wieder nach Hause. Vielleicht sind Mama und Papa ja auch gar nicht so sauer. Bestimmt machen sie sich schon Sorgen um mich. Wenigstens Mama. War denen bestimmt auch 'ne Lehre, dass ich abgehauen bin. Was machen die auch immer so ein Theater um meine Noten! Dabei hatte ich nur eine Vier und sonst lauter Zweien und Dreien. Aber das ist ihnen nicht gut genug. Möchte ja mal Papas Zeugnis aus der Neunten sehen. Aber da komm ich nicht ran; das hält er gut versteckt. – Egal, hilft ja nichts: Ich muss wieder zurück. Bloß – wie kriege ich das hin? Vielleicht frag ich mal den Mann am Fahrkartenschalter, ob er mir das Geld für 'ne Fahrkarte leiht... Na, das wird der auch grade tun: einem wildfremden Jungen Geld leihen! Da wär er ja schön blöd. Täte ich auch nicht. – Aber eigentlich könnte ich ihn fragen, ob er mal bei uns zu Hause anruft. Der Akku von meinem Handy hat ja auch schon seinen Geist aufgegeben. Und das, obwohl ich das Ding immer ausgeschaltet hatte. Sonst hätten sie ja gleich hinter mir her telefoniert, das wär ja nicht gegangen. – Also, ich glaub, ich geh jetzt doch mal zu dem Mann in der Halle und frag ihn. Vielleicht hilft er mir ja. Ist ja eigentlich nicht zu viel verlangt, so ein kurzer Anruf...

Sprache und Sprachgebrauch untersuchen

Übung 32

1. a) **Faible:** Wenn jemand ein Faible für Mode hat, dann hat er eine Schwäche für aktuelle Kleidung. Das bedeutet, dass er sich gerne mit dem Thema Mode beschäftigt und für neue Kleidungsstücke eher Geld ausgibt als für andere Dinge.
   b) **Trend:** Als Trend bezeichnet man eine aktuelle Richtung der Mode. Wenn diesen Sommer z. B. viele modebewusste Frauen sehr lange Kleider tragen, dann folgen sie einem modischen Trend.
   c) **Ambiente:** Modeunternehmen stimmen das Ambiente in ihren Läden auf ihre Kundschaft ab, z. B. auf Jugendliche. Das bedeutet, sie richten ihre Geschäfte so ein, dass sie die Jugendlichen ansprechen. Dazu gehören angesagte Musik und Möbel mit modernem Design.
   Das Ziel der Modeunternehmen ist es, ihren Kunden den Aufenthalt im Laden so angenehm wie möglich zu machen. Die Firmen erhoffen sich, dass die Kunden durch ein angenehmes Ambiente länger im Geschäft bleiben und dann mehr kaufen.
   d) **Shopping:** Wenn man „shoppen" geht, ist man unterwegs, um Kleidung, Schuhe oder Schmuck zu kaufen. Lebensmittel, Einrichtungsgegenstände oder ähnliche Dinge werden dagegen in der Regel noch „eingekauft" und nicht „geshoppt".
   Für viele ist „Shopping" mehr als nur das Kaufen von Kleidung: Man trifft sich mit Freunden und berät sich gegenseitig bei der Auswahl der Kleidungsstücke. Meist gehört es auch dazu, im Anschluss einen Kaffee zu trinken oder essen zu gehen.

2. a) modisch: trendy (Z. 17)
   b) Jugendliche zwischen 10 und 19 Jahren: Teenies (Z. 3, 10, 15, 22, 26)
   c) zeitgemäß: up to date (Z. 10)
   d) Formgebung: Design (Z. 28)
   e) Lebensart: Lifestyle (Z. 30)

Übung 33

1.
Christine Nöstlinger: Morgenworte

„Zeit ist Geld! Zeit ist jede Menge Geld!", sprach Meier senior[1] tagtäglich zu Meier junior[1], und dann machte er sich an die Arbeit. Vom frühen Morgen bis in die späte Nacht hinein arbeitete er und gönnte sich kein bisschen Zeit für andere Dinge als Arbeit. Und so hatte er auch keine Zeit zum Geldausgeben. Reich und immer reicher wurde er. Dann starb er eines Tages, und Meier junior erbte das ganze Geld.
„Ich will es meinem Vater gleichtun", sprach Meier junior.
„Wie hat er doch tagtäglich zu mir gesagt?" Lange dachte Meier junior nach, denn leider war er ein Morgenmuffel und hatte seines Vaters Morgenworte nie so recht mitbekommen. Endlich meinte er, sich genau erinnern zu können. „Ach ja", rief er, „Geld ist Zeit! Das hat der gute Alte immer gesagt! Geld ist jede Menge Zeit!"
Und dann kündigte Meier junior seinen Job und lebte vom Geld, das ihm Meier senior hinterlassen hatte, und er hatte tatsächlich jede Menge Zeit für andere Dinge als Arbeit.

Quelle: Christine Nöstlinger: Morgenworte. In: Christine Nöstlinger und Jutta Bauer: „Ein und alles", Beltz & Gelberg: Weinheim 1992.

🖎 **Hinweis:** Zusätzlich könntest du auch noch die Wörter „tagtäglich" (Z. 2, 15) und „reich/reicher" (Z. 9, 10) unterstreichen.

2. Wiederholung

3. Durch die Wiederholungen wird die Aufmerksamkeit des Lesers auf die Wörter „Arbeit", „Zeit" und „Geld" gelenkt. Diese Wörter sind für den Sinn der Geschichte wichtig, weil es im Text um die richtige Lebensführung geht, also um das richtige Verhältnis von Arbeit, Zeit und Geld.

Übung 34

Redewendung	Erklärung
auf keine Kuhhaut gehen	zu viel sein, unmöglich sein
auf der Hut sein	sich in Acht nehmen, sich vorsehen
wie ein begossener Pudel dastehen	nicht wissen, wie einem geschieht, völlig überrascht sein, verzweifelt sein
sich ein Bein ausreißen	sich sehr anstrengen, alles tun
am liebsten im Boden versinken wollen	sich schämen
ein X für ein U vormachen	täuschen, hinters Licht führen
fünf gerade sein lassen	nachsichtig sein, etwas nicht so genau nehmen

Übung 35

1. a) „... mit jener scheinbaren <u>Zurückhaltung</u>, die durch ihre <u>Aufdringlichkeit</u> die Nerven freilegt." (Z. 12–14)

   b) Elsa und ihre Mutter leben in einem Spannungsverhältnis zwischen Zurückhaltung und Aufdringlichkeit. Die Mutter will ihrer Tochter nah sein und ist deshalb aufdringlich. Eigentlich möchte sie Elsa aber nicht bedrängen. Deshalb verhält sie sich bei ihren Annäherungsversuchen sehr vorsichtig. Ihre scheinbare Zurückhaltung täuscht aber nicht darüber hinweg, dass sie ständig Kontakt mit ihrer Tochter aufnehmen will. Elsa spürt das und möchte aus der Situation ausbrechen.

2. Die Bewegung des Treibens geschieht normalerweise im Wasser: Man wehrt sich nicht gegen die Kraft der Wellen und lässt sich von ihnen in eine unbestimmte Richtung davontragen. Ähnlich geht es Elsa in der Stadt: Sie bleibt mit den anderen Passanten in Bewegung, und lässt diese bestimmen, in welche Richtung sie geht.

3. a) kein einziges Mal (Z. 69, Z. 72/73, Z. 82)

   b) Elsa ist über das Verhalten ihrer Mutter sehr aufgebracht. Durch die Wiederholung wird deutlich, dass sie deren aufdringliche Annäherungsversuche wirklich „kein einziges Mal" mehr ertragen kann, ohne völlig aus der Haut zu fahren.
   Andererseits wirkt die Wiederholung auch wie eine Beschwörungsformel: Man hat den Eindruck, Elsa will sich selbst dazu überreden, dass sie ihren Entschluss auszuziehen auch wirklich in die Tat umsetzt.

Übung 36

Neulich vergaß ein Reptilienhändler in einem Hotelzimmer sein grünes Ch...
Adv   V   Art   N   Präp Art   N   Pron   Adj   N

Der Gast übersah das Tier am Morgen, als er seinen Koffer packte.
Art N   V   Art N Präp   N   Konj Pron Pron   N   V

Hinweis: Das Wort „am" ist eine Präposition, die mit einem Artikel verschmolzen ist („an dem").

Das lag an der grünen Farbe der Tapete im Hotelzimmer.
Pron V Präp Art Adj   N   Art   N   Präp   N

Hinweis: Das Wort „das" ist ein Pronomen, weil es sich durch das Wort „dieses" ersetzen lässt. Das Wort „im" ist eine Präposition, die mit einem Artikel verschmolzen ist („in dem").

Abends entdeckte der nächste Besucher das Tier, weil es sich bewegte.
Adv   V   Art   Adj   N   Art N   Konj Pron Pron V

Der Mann überlegte einen Augenblick, dann alarmierte er sofort die Polizei.
Art N   V   Art   N   Adv   V   Pron Adv Art   N

Die Polizisten fingen das kleine Reptil mit einem Kescher.
Art   N   V   Art Adj   N   Präp Art   N

Bald ermittelten die Beamten den Besitzer und benachrichtigten ihn.
Adv   V   Art   N   Art   N   Konj   V   Pron

Der glückliche Reptilienhändler begab sich sogleich wieder in das Hotel.
Art   Adj   N   V   Pron   Adv   Adv Präp Art N

Übung 37

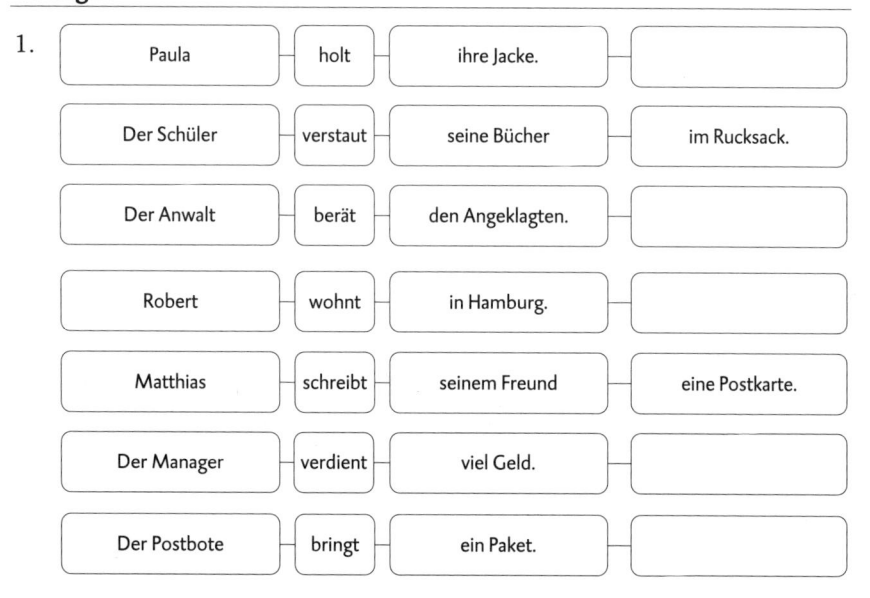

1.

Paula	holt	ihre Jacke.	
Der Schüler	verstaut	seine Bücher	im Rucksack.
Der Anwalt	berät	den Angeklagten.	
Robert	wohnt	in Hamburg.	
Matthias	schreibt	seinem Freund	eine Postkarte.
Der Manager	verdient	viel Geld.	
Der Postbote	bringt	ein Paket.	

2. Paula holt ihre Jacke **aus der Tasche**.
   Der Schüler verstaut seine Bücher **sorgfältig** im Rucksack.
   Der Anwalt berät den Angeklagten **während des Prozesses**.
   Robert wohnt **seit Mai** in Hamburg.
   Matthias schreibt seinem Freund eine Postkarte **aus dem Urlaub**.
   Der Manager verdient viel Geld **in der großen Firma**.
   Der Postbote bringt **am Morgen** ein Paket.

Übung 38

1. bis 2.
   Roboterfrau Grace | hat | viele Talente
   Grace | kann | ~~mithilfe eines Sprachprogramms~~ | Leute | ansprechen.
   Sie | fragt | sie | ~~mit ihrer blechernen Stimme~~ | nach dem Weg.
   Sie | bekommt | ~~dann~~ | ~~von ihnen~~ | ihre Anweisungen.
   Die Roboterfrau | läuft | ~~danach~~ | ~~gleich~~ | los.
   Grace | geht | ~~sehr schnell~~ | zum gewünschten Zielort.
   Sie | gewann | ~~mit ihrer Schnelligkeit~~ | ~~vor einiger Zeit~~ | einen Preis | ~~in einem Roboterwettbewerb~~.
   Alle Roboter | mussten | ~~dort~~ | ihre Leistungen | zeigen.
   Grace | bewältigte | alle Anforderungen | ~~in kürzester Zeit~~ | ~~mit erstaunlicher Leichtigkeit~~:
   Sie | fand | ~~im Gebäude~~ | ihren Weg zur Anmeldung.
   Sie | nahm | ~~dort~~ | ~~ohne Zögern~~ | ihr kleines Namensschild.
   Grace | lief | ~~danach~~ | in den großen Versammlungsraum.
   Sie | hielt | ~~dort~~ | ~~über sich selbst~~ | einen Vortrag.

3. Grace | bewältigte | problemlos | alle Aufgaben | in kürzester Zeit.
   Subjekt | Prädikat | Adverbial | Akkusativobjekt | Adverbial (Zeit)
                         | (Art und Weise)

   a) – Problemlos bewältigte Grace alle Aufgaben in kürzester Zeit.
      – In kürzester Zeit bewältigte Grace alle Aufgaben problemlos.
      – Alle Aufgaben bewältigte Grace problemlos in kürzester Zeit.
   b) *Eine Betonung liegt stets auf dem Satzglied, das auf Position* **1** *steht.*

Übung 39

a) Natascha <u>will</u> in den Sommerferien nach Berlin <u>reisen</u>.
b) Dort <u>wird</u> sie ihre Freundin Miriam <u>besuchen</u>.
c) Die beiden <u>möchten</u> am Ku'damm <u>einkaufen gehen</u>.
d) Miriam <u>soll</u> ihre Freundin in die neuesten Geschäfte <u>führen</u>.
e) Sie <u>kann</u> Natascha dort die aktuellen Trends <u>zeigen</u>.
f) Die beiden <u>dürfen</u> abends mit Freunden <u>ausgehen</u>.
g) Sie <u>werden</u> viel zusammen <u>unternehmen</u>.

Übung 40

a) Es regnet im Moment sehr stark**, aber** ich muss leider noch einkaufen gehen. (Gegensatz)
b) Ich habe keine Kartoffeln zu Hause **und** Zwiebeln fehlen mir auch noch. (Aufzählung)
c) Ich will etwas Leckeres kochen**, denn** meine Gäste sollen sich wohlfühlen. (Begründung)

Übung 41

a) Ein 81-jähriger Mann und seine 3-jährige Enkelin **überlebten** am Samstagabend einen Autounfall**, <u>weil sie einen Hund als Schutzengel bei sich hatten</u>**.
b) Der 7-jährige Labrador **bewahrte** die beiden vor dem Erfrierungstod**, <u>indem er sie abwechselnd</u> wärmte</u>**.
c) So **überstanden** sie die Nacht ohne Erfrierungen**, <u>obwohl die Temperaturen deutlich unter dem Gefrierpunkt</u> lagen</u>**.
d) <u>Als der nächste Morgen **anbrach**,</u> **entdeckte** die Polizei das Trio in dem umgestürzten Fahrzeug.
e) <u>Weil er so heldenhaft **gewesen war**,</u> **erhielt** der Hund einen Orden und eine Extraportion Hundefutter.
f) Man **kann annehmen,** <u>dass sich das Tier mehr über das Hundefutter als über den Orden **gefreut hat**</u>.

A Training Grundwissen

Übung 42

Hinweis: Achte darauf, dass du im Relativsatz das Wort oder die Wortgruppe streichst, das/die im Hauptsatz genannt worden ist, und setze das gebeugte Verb ans Ende.

a) Eine Frau**, der** man einmal die Handtasche gestohlen **hatte,** verzichtete seither auf dieses modische Beiwerk.

b) Aus Vorsicht wollte sie die Geldbörse**, die** sie bei sich **trug,** nur noch eng am Körper tragen.

c) Sie kaufte fortan ausschließlich Jacken und Mäntel**, die** auf der Innenseite mit einer Tasche versehen **waren.**

d) Allerdings lösten sich die Nähte der Innentaschen**,** in **die** sie ihren Geldbeutel gesteckt **hatte,** nach und nach auf.

e) So rutschte ihr die Geldbörse**,** auf **die** sie so sorgsam aufgepasst hatte**,** aus der Tasche und fiel zu Boden.

f) Ein freundlicher Mann**, der** im Bus hinter der Frau gestanden hatte**,** hob sie auf und gab sie ihr zurück.

Übung 43

a) Die Verkäuferin ärgert sich noch immer über das Mädchen, **das** vor einer Stunde in den Laden gekommen ist.

b) Es passiert zwar ab und zu, **dass** eine Zeitschrift auf den Boden fällt.

c) Die Verkäuferin hat aber nie erlebt, **dass** ein Kunde ein ganzes Regal umstößt.

d) **Dass** man so tollpatschig sein kann, hätte sie nicht gedacht.

e) Sie ist wütend über dieses Missgeschick, **das** ihr so viel Arbeit bereitet hat.

f) Denn sie musste natürlich das ganze Sortiment wieder einräumen, **das** aus dem Regal gefallen war.

g) **Dass** das Mädchen ihr dabei nicht helfen wollte, macht sie zusätzlich wütend.

Rechtschreibung und Zeichensetzung

Übung 44

FEIG**LING**, NOTWENDIG, BEDENKLICH, EIGEN**SCHAFT**, KENNT**NIS**, MÖGLICH, VERWANDL**UNG**, BEKANNT**SCHAFT**, VERHÄLT**NIS**, SELTSAM, HALT**UNG**, NEU**HEIT**, STÜRMISCH, HARTNÄCKIG, FEIG**HEIT**, EREIG**NIS**, HALTBAR, AKT**ION**, KLAR**HEIT**, SORGLOS, HEITER**KEIT**, RECHTHABERISCH, EIGEN**TUM**, UNGENAU, REIN**HEIT**, ALTER**TUM**, SPANNEND

Übung 45

1. a) Nächsten Mittwoch muss ich <u>das</u> <u>Turnen</u> ausfallen lassen.
    b) Das Kleid steht dir wirklich gut! Vor allem <u>das</u> <u>Grün</u> passt zu dir.
    c) <u>Beim</u> <u>Rechnen</u> stellt sie sich sehr geschickt an.
    d) <u>Nach</u> <u>langem</u> <u>Hin</u> und <u>Her</u> ging sie endlich mit.

2. **Berliner Zeitung** — WIE MAN DATEIEN RICHTIG LÖSCHT

    Wenn <u>A</u>nwender ihren <u>R</u>echner oder eine <u>F</u>estplatte verkaufen oder entsorgen wollen, befinden sich in vielen <u>F</u>ällen noch sensible <u>D</u>aten auf dem <u>G</u>erät. Viele <u>N</u>utzer denken, mit dem <u>L</u>öschen der <u>D</u>aten oder dem <u>F</u>ormatieren des <u>D</u>atenträgers lassen sich alle persönlichen <u>D</u>aten beseitigen – ein <u>T</u>rugschluss. <u>Z</u>war können <u>A</u>nwender mit der <u>T</u>astenkombination „umschalt + entf" <u>D</u>aten ohne den <u>U</u>mweg über den <u>P</u>apierkorb löschen. <u>E</u>s ist allerdings kein <u>P</u>roblem, diese <u>D</u>aten mit <u>S</u>pezialprogrammen wiederherzustellen. <u>D</u>as liegt vor allem daran, dass <u>W</u>indows beim normalen <u>L</u>öschen nur das <u>I</u>nhaltsverzeichnis entfernt, die <u>D</u>aten aber erhalten bleiben. <u>O</u>der das <u>B</u>etriebssystem löscht die einzelnen <u>B</u>ereiche auf der <u>F</u>estplatte, überschreibt diese aber nicht.

A Training Grundwissen

Falls es kein Zurück für die Dateien geben soll, müssen **A**nwender schwerere **G**eschütze auffahren – entweder etwas umständlichere **W**indows-Bordmittel oder **L**öschtools, die meist einfacher zu handhaben und kostenlos sind.

Quelle: Text: dpa: Wie man Dateien richtig löscht, 10. 01. 2012. Im Internet unter: http://www.berlinerzeitung.de/digital/auf-nimmerwiedersehen-wie-man-dateien-richtig-loescht,10808718,11415320. html, aus didaktischen Gründen stellenweise gekürzt und geändert. Bild: Photomak/Dreamstime.com

✏ **Hinweis:** *Bei den unterstrichenen Wörtern musst du zuerst die Artikelprobe durchführen, um zu erkennen, dass du sie großschreiben musst.*

Übung 46

1. a) Wenn du gut lernst, wird dir der Test *leicht*fallen.
   b) Ich denke, wir werden miteinander *zurecht*kommen.
   c) Wo ist hier der *Notausgang*?
   d) Er war von der Sonne *braun gebrannt*.
   e) Auf der Bühne musst du *deut*lich *sp*rechen.

   ✏ **Hinweis:** *Auch Wörter, die zusammengeschrieben werden, können zwei Betonungen haben. Eine davon ist dann aber die Hauptbetonung, denn sie wird stärker betont.*

2. a) Thomas will immer alles ~~schön reden~~ / schönreden.
   b) Maria kann *schnell laufen* / ~~schnelllaufen~~.
   c) Costa lässt sich für morgen ~~krank schreiben~~ / krankschreiben.
   d) Ich möchte nicht ~~schwarz fahren~~ / schwarzfahren.

   ✏ **Hinweis:** *Der erste Bestandteil in den Wörtern „schönreden", „krankschreiben" und „schwarzfahren" lässt sich nicht sinnvoll steigern. Man kann z. B. nicht „schwärzer" fahren.*

3. **Falscher Alarm**
   - ~~starkbetrunkener~~ / stark betrunkener
   - Wochenende / ~~Wochen Ende~~
   - Feuerwehr / ~~Feuer Wehr~~
   - Einsatzleitung / ~~Einsatz Leitung~~
   - ~~quellensehen~~ / quellen sehen
   - Löscharbeiten / ~~Lösch Arbeiten~~
   - ~~lustigzumachen~~ / lustig zu machen
   - ~~löschenmüssten~~ / löschen müssten
   - ~~zuschieben~~ / zu schieben
   - ~~gerufenwurden~~ / gerufen wurden

- ~~überwältigtwerden~~ / überwältigt werden
- Diskothekenbesitzer / ~~Diskotheken Besitzer~~
- heimzahlen / ~~Heim zahlen~~
- Nebelmaschine / ~~Nebel Maschine~~
- zahllosen / ~~Zahl losen~~
- ~~geärgertzuhaben~~ / geärgert zu haben

Hinweis: Das Wort „heimzahlen" schreibt man zusammen, weil das Nomen „Heim" nicht mehr seine ursprüngliche Bedeutung (Haus, Zuhause) trägt.

Übung 47

1. a) kran**k**   kränker   b) Ber**g**   Berge
   c) Her**d**   Herde   d) run**d**   runder
   e) Wir**t**   Wirte   f) Kor**b**   Körbe
   g) Ty**p**   Typen   h) er berä**t** beraten

2. a) Schul**d**   schuldig
   b) Blu**t**   blutig
   c) Mu**t**   mutig
   d) San**d**   sandig

Übung 48

1. a) die H**äu**ser   das Haus   b) k**ä**lter   kalt
   c) die D**e**cken   die Decke   d) die B**eu**len   die Beule
   e) er schl**ä**ft   schlafen   f) die Br**äu**che der Brauch
   g) die R**ä**nder   der Rand   h) schl**e**chter   schlecht

2. a) Er ist mächtig (**Macht**) und sehr bed**eu**tsam (**Bedeutung**).
   b) T**eu**res (**teuer**) muss nicht besser (**das Beste**) sein.
   c) Er lag b**äu**chlings (**Bauch**) auf dem Sofa.
   d) Der pr**ä**chtige (**Pracht**) Wolf h**eu**lte (**heulen**) laut.

A Training Grundwissen　　　47

Übung 49

1. a) An Ostern kommt der Osterhase.
   b) Das Gegenteil von „lieben" ist „ha**ss**en".
   c) Zum Schlafen legt man sich in ein Be**tt**.
   d) Religiöse Menschen beten, wenn sie Sorgen haben.
   e) Wenn es regnet, werden die Menschen na**ss**.
   f) Die Nase ist das Sinnesorgan, mit dem wir Gerüche wahrnehmen.

2. a) bel-len
   b) düm-mer
   c) müs-sen
   d) Bret-ter
   e) unsin-nig

3. Win**k**el, Ban**k**, Schre**ck**, La**ck**, pa**ck**en, par**k**en, le**ck**er, Le**ck**, we**ck**en, Ste**ck**er, dun**k**el, De**ck**e, Schrän**k**e, Bal**k**en, wa**ck**eln

4. Her**z**, tan**z**en, win**z**ig, wi**tz**ig, Ker**z**e, ran**z**ig, Pel**z**, spi**tz**, Mü**tz**e, Kra**tz**er, pe**tz**en, wür**z**ig, Schmu**tz**, Verle**tz**ung, Pil**z**

Übung 50

1.

Wie schreibt man …	s-Laut weich	s-Laut scharf	Vokallänge lang	Vokallänge kurz	So schreibt man …
le?en	X		X		lesen
fre?en		X		X	fressen
wi?en		X		X	wissen
drau?en		X	X		draußen
brau?en	X		X		brausen
Bu?e		X	X		Buße

2. ✏ *Hinweis:* Zweilaute (Diphthonge) wie ei, au, äu, eu, ai werden immer lang gesprochen.
   b) heiß　　heißer　　→　　s-Laut bleibt scharf + Diphthong
   c) Haus　　Häuser　　→　　s-Laut wird weich + Diphthong
   d) nass　　nässer　　→　　s-Laut bleibt scharf + Vokal ist kurz

Übung 51

a) Tanja b**ie**tet ihren Gästen selbst gebackenen Kuchen an.
b) Würdest du b**i**tte das Fenster schl**ie**ßen?
c) Marcel kaut nervös auf seiner L**i**ppe.
d) Das prächtige Sch**i**ff fuhr mit geblähten Segeln auf das Meer hinaus.
e) Hätte ich keine Zahnspange gehabt, hätte ich z**ie**mlich sch**ie**fe Zähne.
f) Fulda l**ie**gt m**i**tten in Deutschland.
g) Wenn die M**ie**tpreise weiter steigen, müssen wir umz**ie**hen.

Übung 52

a) Lehrling / ~~Lerling~~   Lehre
b) ~~Prohbe~~ / Probe   probieren
c) Belohnung/ ~~Belonung~~   belohnen
d) Zahltag / ~~Zaltag~~   Zahl
e) ~~abfehdern~~ / abfedern   Feder
f) Mahnung / ~~Manung~~   mahnen

Übung 53

1. se | hen, krä | hen, flie | hen, blü | hen, nä | hen, lei | hen, glü | hen, ste | hen, ru | hen

2. a) Flö | he   b) Ze | hen
   c) dro | hen   d) nä | her
   e) Schu | he   f) fro | her

3. a) drehen   → dre | hen
   b) glühen   → glü | hen
   c) Mühe   → Mü | he
   d) weihen   → wei | hen
   e) sehen   → se | hen

Übung 54

1. Regisseur**e**
2. aus dem Französischen
3. des Regisseur**s**
4. Re-gis-seur

Übung 55

1.

Begründe die Schreibung von ...	Rechtschreibstrategie
Kolumbien, **F**rühstück	Wortart bestimmen
H**äu**ser, st**ä**rker	Grundform bilden
Betreuun**g**, Gesellschaf**t**	Wortendung beachten
kru**mm**, Ta**ss**e	Vokallänge untersuchen
Mü-he, blü-hen	nach Silben trennen
Gefä**ng**nis, Na**h**erholungsgebiet	verwandte Wörter suchen
zum **E**ssen, nichts **S**chönes	Signalwörter beachten
Blu**s**e, Bu**ß**e	Stimmhaftigkeit untersuchen

2. Surfen oder Wellenreiten bezeichnet das Gleiten auf einer Welle mittels eines dafür vorgesehenen Surfbretts. Besonders schwierig ist es, durch eine Tube, also eine Röhre aus Wasser, zu surfen. Gerade beim Hinein- und wieder Herausfahren machen Anfänger oft viele Fehler. Die Welle bricht dann über ihnen, wobei es in der Folge zu schweren Verletzungen kommen kann.

3. Das Wellenreiten gibt es vermutlich bereits seit 4000 Jahren. Man geht davon aus, dass das Surfen von den Polynesiern erfunden wurde. Diese ließen sich zunächst im Liegen auf kleinen Hilfsmitteln wie Bündeln aus Binsen vom Wasser tragen. Auf Tahiti wurde schließlich das Surfen im Stehen entwickelt. Das Wellenreiten hat seit den fünfziger Jahren immer größere Massen begeistert. Mittlerweile genießt man es nicht mehr nur am Meer: Auch Flüsse eignen sich für diesen nassen Freizeitspaß.

Übung 56

Hinweis: Manchmal gehören mehr als zwei Sätze in ein Satzgefüge. Benenne dann jeden einzelnen Satz. – Hauptsatz (HS), Nebensatz (NS)

Was Hotelgäste auf dem Zimmer vergessen

Dass ein Hotelgast etwas im Hotelzimmer liegen lässt, ist nichts Neues. Eine britische Hotelkette hat jetzt eine Liste mit den verrücktesten Fundstücken veröffentlicht.	NS + HS
Gäste ihrer Hotels vergaßen unter anderem eine Urne mit sterblichen Überresten, einen Hamster namens Frederick, die Schlüssel zu einem Ferrari 458 und einen Koffer voller pinkfarbener Büstenhalter.	Aufzählung
Den Vogel abgeschossen hat aber ein Paar, das sein 18 Monate altes Baby zurückließ. Als die beiden sich auf den Weg zu einer Hochzeit machten, dachte jeder von ihnen, der andere hätte das Kind schon ins Auto gepackt, obwohl es noch im Hotelzimmer in seinem Bettchen lag.	HS + NS NS + HS + HS + NS
Die häufigsten Fundstücke in Hotelzimmern sind allerdings nicht so spannend, sondern eher langweilig. Auf Platz eins stehen Ladegeräte für Handys oder Laptops, Platz zwei wird von Schlafanzügen belegt, die oft im Hotelbett liegen bleiben. Auf Platz drei kommen Teddybären, sie werden oft von Kindern vergessen. Sehr häufig bleiben außerdem Kulturbeutel, Kämme, Bücher und elektrische Zahnbürsten auf den Hotelzimmern liegen.	Gegensatz Aufzählung* HS + NS HS + HS Aufzählung

Hinweis: *Hier liegt eine Aufzählung vor, die aus mehreren Hauptsätzen besteht. Deshalb gibt es zwei richtige Begründungen für das Komma: Aufzählung und Satzreihe (HS+HS).

Übung 57

🖉 **Hinweis:** Du erkennst den Beginn eines neuen Nebensatzes oft an einer bestimmten Konjunktion, z. B. an den Konjunktionen „wenn", „als", „weil" oder „obwohl". Wenn du den Eindruck hast, dass mitten in einem Satz zwei gebeugte Verben direkt aufeinanderprallen, dann ist hier die Nahtstelle zwischen einem Nebensatz und einem nachfolgenden Hauptsatz. Das erste Verb beendet dann den Nebensatz und das zweite Verb eröffnet den Hauptsatz.
Richtige Kommas sind fett markiert, falsche Kommas wurden eingekreist.

Im Westen sieht es schlecht aus mit der Ganztagsbetreuung

Die Ganztagsbetreuung für Grundschüler(,) ist in vielen Bundesländern unzureichend und weist große Qualitätsdefizite auf.	falsch
Wohin soll das Kind gehen**,** wenn die Schule aus ist?	richtig
Diese Frage treibt viele Eltern um**,** wenn ihr Sprössling in die Grundschule kommt.	richtig
Denn während im Vorschulalter das Betreuungsangebot auch am Nachmittag heute bundesweit ausreicht**,** sieht es in den Lebensjahren danach vielerorts düster aus. Vor allem im Westen(,) fehlt es häufig an einer Ganztagsbetreuung.	richtig falsch
Inzwischen wird ein Ausbau(,) auch von der Wirtschaft dringend angemahnt.	falsch
So soll Eltern die Vereinbarkeit von Familie und Beruf(,) ermöglicht werden.	falsch
Die Qualität der freiwilligen Nachmittagsangebote(,) ist auch oft unzureichend.	falsch
Denn die Hälfte der Bundesländer(,) legt für die Angebote am Nachmittag keine Qualitätsstandards fest.	falsch
Bei einer schlechten Betreuungssituation(,) hat eine Ganztagsschule sogar negative Effekte auf die Entwicklung der Kinder.	falsch
Anders ist die Lage bei den Horten**,** wo es im Regelfall gesetzliche Mindeststandards für die Qualifikation des Personals und die Gruppengrößen gibt.	richtig
Auch ermöglichen die Öffnungszeiten(,) eine bessere Vereinbarkeit von Familie und Beruf.	falsch
Denn im Regelfall(,) sind die Horte an vier bis fünf Tagen in der Woche mindestens bis 17 Uhr geöffnet.	falsch
Außerdem müssen Horte im Gegensatz zu den Ganztagsschulen(,) grundsätzlich eine Ferienbetreuung anbieten.	falsch

Quelle: Dorothea Siems: Westen sieht bei Ganztagsbetreuung schlecht aus, 19. 12. 11. Im Internet unter: http://www.welt.de/politik/deutschland/article13774766/Im-Sueden-sieht-es-schlecht-aus-mit-Ganztagsbetreuung.html, aus didaktischen Gründen stellenweise gekürzt und leicht geändert.

NOTIZEN

▶ **Lösungen B
Abschlussprüfungs-
aufgaben**

Abschlussprüfung 2009

Teil A: Rechtschreibung I

1. **Hinweis:** *Für jeden Fehler wird dir ein Punkt abgezogen. Für fehlende Satzzeichen, Umlautzeichen und i-Punkte wird dir je ein halber Punkt abgezogen. Wiederholungsfehler werden einfach gewertet. Nach dem Diktieren überarbeitest du deinen Text mithilfe des Wörterbuchs. Versuche, auch die gelernten Rechtschreibstrategien anzuwenden.*

Schüler als Unternehmer

Auch an Schulen können Jugendliche / am Wirtschaftsleben teilnehmen, / indem sie eine Übungsfirma gründen. / Ein solches Unternehmen plant, / produziert und verkauft Produkte / oder bietet bestimmte Dienstleistungen an. / So ein pädagogisches Vorhaben / fördert das Organisationstalent der Jugendlichen. / Diese Projekte möchten natürlich / finanzielle Gewinne erzielen / und somit reale Firmen imitieren. / Der größere Gewinn liegt aber darin, / dass die Schüler Kenntnisse / und Fähigkeiten erwerben können, / die ihnen beim Einstieg in das Berufsleben / hilfreich sein können. *(74 Wörter)*

Nach: www.sasj.de/pages/berufsorientierung/SchueFi/inhalt.html und www.dkjs.de

Teil A: Rechtschreibung II

2. **Hinweis:** *Für jede sinngemäß richtige Lösung gibt es einen Punkt. „Besonderes" schreibt man groß, weil es sich um eine Nominalisierung handelt. Das heißt, das Wort wird wie ein Nomen gebraucht. Das Signalwort „nichts" weist darauf hin, dass ein Nomen folgt. Auch die Artikelprobe kann dir in diesem Fall helfen: Wenn du den Artikel vor das Wort setzt, erkennst du ebenfalls, dass es sich um eine Nominalisierung handelt (das Besondere).*
Um zu belegen, dass das Wort „Einkäufe" mit Umlaut „äu" und nicht mit „eu" geschrieben wird, bildest du die Einzahl oder suchst ein verwandtes Wort, denn hier siehst du eindeutig den Doppellaut „au", der im Plural zu „äu" umgebildet wird.

Beispielwort	Lösungsstrategie
nichts Besonderes	• Großschreibung: Signalwort „nichts" oder • Artikelprobe (das Besondere)
die Einkäufe	• Bilden des Singulars (der Einkauf) oder • Ableiten von verwandtem Wort (z. B. kaufen)

3. **Hinweis:** *Für jede richtige Antwort erhältst du einen Punkt. Lies die Sätze gründlich. Du musst hier auf verschiedene Fehlerquellen achten.*

   a) ☐ In der Übungsfirma legt man ~~besonderem~~ Wert auf Teamfähigkeit.
   ☒ In der Übungsfirma legt man besonderen Wert auf Teamfähigkeit.
   ☐ In der Übungsfirma legt ~~mann~~ besonderen Wert auf Teamfähigkeit.
   ☐ In der Übungsfirma legt man besonderen ~~wert~~ auf Teamfähigkeit.

   b) ☐ Außerdem wird das Denken in ~~Wirtschaftlichen~~ Zusammenhängen trainiert.
   ☐ ~~Ausserdem~~ wird das Denken in wirtschaftlichen Zusammenhängen trainiert.
   ☐ Außerdem wird das ~~denken~~ in wirtschaftlichen Zusammenhängen trainiert.
   ☒ Außerdem wird das Denken in wirtschaftlichen Zusammenhängen trainiert.

4. **Hinweis:** *Für jede richtige Antwort erhältst du einen halben Punkt. Hier noch einmal die Auflösung des Wörterbucheintrags:*
   - *<griech.> = griechisch;*
   - *ökonomisch: Das Adjektiv erkennst du an der für Adjektive typischen Endung „-isch";*
   - *...ien: gibt die Pluralendung an;*
   - *Sing. = Singular.*

   a) aus dem Griechischen   b) ökonomisch
   c) Ökonomien   d) Singular (Einzahl)

5. **Hinweis:** *Lies den Satz langsam, dann erkennst du die bekannten Wörter. Am besten markierst du mit einem Schrägstrich, wo ein neues Wort beginnt. Achte beim Aufschreiben des Satzes auf die richtige Groß- und Kleinschreibung.*
   Für jeden Fehler wird dir ein halber Punkt abgezogen.

   Um eine **Ü**bungsfirma aufzubauen und zu betreiben, müsst ihr selbst handeln und gemeinsam mit anderen **S**chülern im **T**eam arbeiten.

Teil B: Text 1

1. ✏ **Hinweis:** Wenn du den Inhalt eines Textes zusammenfassen sollst, gehst du am besten so vor: Lies den Text als Erstes zweimal aufmerksam durch. Markiere beim zweiten Lesen wichtige Textstellen, die du anschließend zusammenfassen und niederschreiben kannst. Beginne deine Inhaltszusammenfassung mit einem einleitenden Satz, in dem du Autor, Titel und Textsorte nennst und sagst, worum es im gesamten Text geht. Nenne dann wichtige Inhalte. Achte darauf, dass du keine Nacherzählung schreibst. Du sollst nur das Wichtigste knapp zusammenfassen. Eine Inhaltsangabe wird immer im Präsens geschrieben.

Im Text „Der Wahnsinnstyp *oder:* Während sie schläft" von Katja Reider erzählt die Ich-Erzählerin, ein junges Mädchen, von ihrer aufregenden Begegnung mit einem Jungen während einer Bahnfahrt.

Schon während die Ich-Erzählerin im Abteil ihren Sitzplatz sucht, ist sie von dem Blick des Jungen verwirrt, und als sie ihm dann gegenübersitzt, stellt sie rasch fest, dass er genau dem entspricht, was sie sich unter einem „Wahnsinnstyp" vorstellt. Angesichts seiner „Erscheinung" ist sie gebannt und sprachlos. Sie ist aber auch irritiert von dem blonden Mädchen neben dem Jungen, offensichtlich seine Freundin. Diese hat ihren Kopf an seine Schulter gelehnt und schläft. Die Erzählerin beneidet das Mädchen, erlebt selbst ein Wechselbad der Gefühle und ist nicht in der Lage, im richtigen Moment passende Worte zu finden, um sich selbst bei ihrem Traumtyp in Szene zu setzen.

Die große Chance ergibt sich aber überraschend, als das blonde Mädchen beim nächsten Halt davonstürmt und als sich herausstellt, dass diese „Verbindung" reiner Zufall war und er das Mädchen gar nicht kannte. Im folgenden Gespräch stellen der Junge und die Ich-Erzählerin fest, dass sie in die gleiche Stadt wollen. Die restliche Fahrzeit bis dorthin beträgt 62 Minuten. Für die Ich-Erzählerin bleibt also Zeit, ihren „Wahnsinnstyp" doch noch zu erobern.

2. ✏ **Hinweis:** Du musst hier keine klassische Personenbeschreibung verfassen. Suche vielmehr nach Merkmalen, die der Ich-Erzählerin an den beiden ihr gegenübersitzenden Personen besonders auffallen oder die sie beeindrucken. Durch aufmerksames Lesen wirst du rasch fündig. Es müssen nicht nur die unveränderbaren Merkmale wie Augen- oder Haarfarbe sein, auch besonders auffallende und charakteristische Gesten, Haltungen oder sonstige Erscheinungen kannst du stichpunktartig beschreiben.

   a) Der Junge:
   - sitzt ruhig da und liest (vgl. Z. 86/87)
   - dunkle Locken, die er nach hinten streicht (vgl. Z. 91/92)

- verwuschelt aussehend (vgl. Z. 93)
- grüne Augen mit braunen Sprengseln drin (vgl. Z. 98/99)
- Grübchen beim Lächeln (vgl. Z. 99/100)
- rücksichtsvoll (vgl. Z. 113)
- wirkt dann auch ein wenig verunsichert (vgl. Z. 149/150)
- lächelt und will reden (vgl. Z. 167/168)

b) Das Mädchen:
- ein bisschen älter als die Erzählerin (vgl. Z. 59/60)
- mit langen, blonden Haaren (vgl. Z. 61)
- ihr Atem geht ruhig (vgl. Z. 62/63)
- nicht einmal ihre Wimpern flattern (vgl. Z. 63/64)
- schläft tief und fest (vgl. Z. 64)
- sieht im Schlaf aus wie ein Engel (vgl. Z. 43)
- nichts Hässliches an ihr (vgl. Z. 84)
- stürmt grußlos davon (vgl. Z. 136/137)

3. **Hinweis:** *Sprachliche Bilder dienen dazu, bestimmte Textaussagen für den Leser besonders anschaulich zu machen. Dabei steht der wörtlichen immer eine übertragene Bedeutung gegenüber, die du erklären musst. Überlege zunächst, was die Formulierungen „... zur Salzsäule erstarrt" bzw. „Wie von der Tarantel gestochen ..." im wörtlichen Sinn bedeuten. Dann denkst du darüber nach, was damit an der genannten Textstelle ausgedrückt werden soll. Das ist die übertragene Bedeutung. Führe dir die Bilder vor Augen – stelle dir eine Salzsäule vor bzw. male dir aus, wie eine große Spinne dich ins Bein beißt –, so fällt es dir leichter, die Bilder wirklich umfassend zu erschließen.*

a) Eine Salzsäule ist bekanntermaßen unfähig zu einer Reaktion. Auf den Menschen übertragen bedeutet dies Sprach- und Bewegungslosigkeit. Wenn man plötzlich erschrickt, ist der Vergleich mit einer Salzsäule durchaus passend. Oft verschlägt es einem in dem Moment die Sprache und man ist für kurze Zeit nicht mehr in der Lage, sich zu bewegen.

Auch dem Mädchen in der Geschichte ergeht es so. Sie erstarrt, weil sie vom Anblick des Jungen so überwältigt ist. Fasziniert von ihm wagt sie kaum, sich zu bewegen, und bringt kein Wort mehr heraus. Sie ist „zur Salzsäule erstarrt."

b) Taranteln sind Spinnen, die einen Menschen zwar beißen, ihm jedoch nicht wirklich gefährlich werden können. Wenn aber jemand von einer großen Spinne gebissen wird, ist das wahrscheinlich sehr schmerzhaft und der Gebissene dürfte deshalb wohl kaum ruhig und gelassen bleiben, sondern mehr oder weniger hektische Bewegungen ausführen, also zuschlagen, aufspringen, vielleicht sogar weglaufen.

Auch das blonde Mädchen in der Geschichte springt urplötzlich auf und läuft davon, als sie in letzter Sekunde feststellt, dass sie ihren Zielbahnhof erreicht hat, sozusagen „wie von der Tarantel gestochen".

4. *Hinweis: Jugendsprache wird dir wahrscheinlich gut vertraut sein. Zum einen, weil du sie bestimmt auch selbst im Umgang mit anderen verwendest, vielleicht ohne dass es dir richtig bewusst wird. Zum anderen war Jugendsprache sicher auch Thema im Unterricht. Beim genauen Lesen werden dir entsprechende Stellen im Text rasch auffallen. Die Gründe dafür, warum die Autorin Jugendsprache verwendet, decken sich eigentlich mit denen, warum auch Jugendliche sie benutzen. Überlege, aus welchem Grund du Jugendsprache verwendest.*

a) Mögliche Textstellen:
- „Voll peinlich!" (Z. 20)
- „Diesen bescheuerten Platz hätte ich mir selbst nie und nimmer reserviert!" (Z. 30–32)
- „Echt, voll süß!" (Z. 93/94)
- „Andere Typen würden sich ihren MP3-Player auf die Ohren knallen und die Braut mit *Eminem* beschallen." (Z. 114–116)
- „Bestimmt haben sie irgendwas Supertolles vor […] und fahren nicht zu einer mittelspannenden Tante nach Bonn-Bad Godesberg wie ich." (Z. 118–122)

b) Die Hauptpersonen in dieser Geschichte sind Jugendliche, die gesamte Handlung ist auf sie abgestimmt. Nur was sie miteinander reden, was sie denken und fühlen ist hier von Bedeutung. Indem die Autorin Jugendsprache verwendet, gelingt ihr eine sehr realistische Darstellung dieser Szene im Zugabteil. Hätte sie reine Standardsprache verwendet, würde das Ganze gekünstelt wirken und wäre nicht glaubwürdig. Für jugendliche Leser wäre eine solche Geschichte uninteressant, für diese hat die Autorin die Geschichte aber geschrieben. Durch die Verwendung der Jugendsprache ist eine Geschichte mit Jugendlichen für Jugendliche entstanden, die Jugendliche gerne lesen und in der man sich gut mit den Personen identifizieren kann.

5. *Hinweis: Die in der Aufgabe genannten typischen Merkmale einer Kurzgeschichte, der „unerwartete Wendepunkt" und der „offene Schluss", sind dir aus dem Unterricht sicher noch bekannt. Sieh dir die Geschichte noch einmal an, wo könnte es hier einen unerwarteten Wende-*

punkt geben (einen Punkt, an dem die Geschichte plötzlich eine Wendung nimmt, die der Leser nicht erwartet hat)? Ein offener Schluss bedeutet, dass der Ausgang der Geschichte offen bleibt.

Die Ich-Erzählerin muss während der Bahnfahrt unweigerlich zu dem Schluss kommen, dass das blonde Mädchen die Freundin des Jungen ist. Auch beim Leser baut sich dieses Bild auf. Sie hat den Kopf an seine Schulter gelehnt und schläft, auch von ihrer äußeren Erscheinung her passt sie gut zu dem „Wahnsinnstyp". Deshalb ist man vollkommen überrascht, als sie plötzlich grußlos aufspringt, aus dem Zug stürmt und als sich herausstellt, dass sie den Jungen überhaupt nicht kennt und umgekehrt. Typisch für eine Kurzgeschichte zeigt sich an dieser Stelle ein „unerwarteter Wendepunkt" im Geschehen.

Im Verlauf der Geschichte wird Spannung aufgebaut. Die Ich-Erzählerin findet den Jungen toll, er ist ein „Wahnsinnstyp". Das Mädchen an seiner Seite lässt die Chancen für eigene Eroberungsversuche aber schwinden. Doch dann gibt es Blickkontakt, der hoffen lässt. Nachdem das blonde Mädchen ausgestiegen ist, kommen die Ich-Erzählerin und der Junge ins Gespräch. Die restliche Fahrzeit beträgt 62 Minuten, in denen sie versuchen kann, ihn zu erobern. Jetzt bleibt es aber dem Leser überlassen, sich diese Eroberungsversuche vorzustellen – ob ihr die Eroberung gelingt oder nicht, bleibt offen. Die Geschichte hat also einen für eine Kurzgeschichte typischen „offenen Schluss".

6. **Hinweis:** Hier ist ein innerer Monolog von dir gefordert. Das heißt, dass nur dargestellt ist, was eine bestimmte Person denkt und fühlt. Dabei können die Gedanken auch manchmal ungeordnet und sprunghaft sein – eben so, wie jemand denkt! Versuche, dich in den Jungen hineinzuversetzen. Stelle dir vor, dass du dich jetzt an seiner Stelle befindest, dann müsste es dir gelingen, nachzuvollziehen, was er denkt und fühlt. Mache dir noch einmal bewusst, wie die beiden Mädchen in Erscheinung treten, also wie sie aussehen, was sie tun, wie sie reagieren. Was er denken und fühlen könnte, musst du so darstellen, dass es auch wirklich zur Situation passt.

Das ist ja krass! Eine wildfremde Blonde bettet ihr Haupt auf meiner Schulter und versinkt in Tiefschlaf und ein nicht weniger tolles Mädchen belauert mich von gegenüber – oder vielleicht auch nicht. Was bleibt mir anderes übrig, als mich in mein Buch zu vertiefen? Wenn die Kleine neben mir so wenig Schlaf hatte, kann ich gut nachfühlen, wie geschafft sie ist. Ich halte mich ganz still. Außerdem hat man nicht jeden Tag so ein tolles Girl an der Schulter lehnen; das macht mich irgendwie ganz un-

sicher. Bin richtig gehemmt, so kenne ich mich gar nicht. Komme mir schon fast so vor wie der Titelheld in meinem Buch, der sich plötzlich von Außerirdischen umzingelt sieht.
Kommt noch dazu, dass meine Zugpartnerin gegenüber auch sehr süß ist, allerdings auch recht schüchtern, wie mir scheint. Die sitzt da wie eine Wachsfigur, rührt sich nicht und sieht einen nicht mal an. Ihr Buch muss ja echt was Besonderes sein. Sicher irgendetwas über die erste Liebe oder so. Einen kurzen Blick könnte sie mir wenigstens gönnen, hat bestimmt blaue Augen, meine Lieblingsaugenfarbe bei Mädchen. Ich weiß nicht mal, wie ihre Stimme klingt. Bei der Sitzplatzsuche hat sie zwar was gepiepst, aber das war's dann schon. Allerdings hat's bei mir gefunkt.
Jetzt starte ich mal einen Versuch, meine Locken kommen bei Mädchen immer gut an. Wow, sie hat reagiert und mich angesehen. Braun sind ihre Augen, nicht blau. Bei ihr sieht das toll aus! Mist! Wenn sie jetzt annimmt, dass die Blonde neben mir meine Freundin ist, wird sie ewig stumm bleiben. Bekomme ich gar keine Chance mehr?
Endlich. Meine Nachbarin muss raus, Wuppertal hätte sie fast verpasst. Jetzt ganz cool bleiben und so tun, als wäre alles normal. Aber sie sieht mich an. Wenn ich ihr das mit der Blonden jetzt nicht erkläre, ist die Chance vertan, vielleicht die einzige. Immerhin bleibt mir noch eine Stunde. Also: Buch zu und Angriff! Ich lächle sie mal an.

7. **Hinweis:** *Vielleicht kennst du das vorliegende Gedicht schon aus dem Unterricht. Da es relativ kurz und gut verständlich ist, dürfte dir der inhaltliche Vergleich mit der Kurzgeschichte nicht allzu schwerfallen. Am besten ist es, wenn du von den Gedichtzeilen ausgehst, um die Gemeinsamkeiten und Unterschiede aufzuspüren. Du findest aber nicht zu jeder Gedichtzeile eine entsprechende Passage in der Kurzgeschichte, vielmehr musst du dir auch stets das Geschehen im Ganzen vor Augen führen und dann entsprechende Vergleiche anstellen.*
Beachte, dass es nur um inhaltliche Gemeinsamkeiten und Unterschiede geht, ein Vergleich der äußeren Form ist nicht Teil der Aufgabenstellung.

Vergleicht man das Gedicht „Augen in der Großstadt" von Kurt Tucholsky mit der vorliegenden Kurzgeschichte, zeigen sich einige Gemeinsamkeiten und Unterschiede.
In beiden Texten sind Einrichtungen der Bahn angesprochen. Der Unterschied besteht nur darin, dass der Junge und das Mädchen bereits im Zug fahren, während das „Du" im Gedicht am Bahnhof steht. Fremde Menschen gibt es sowohl in dem Zugabteil als auch am Bahnhof, der als „Menschentrichter" (V. 7) beschrieben wird. Alle Personen haben ein Ziel: Im

Gedicht ist es die Arbeitsstelle, in der Kurzgeschichte ist es die Stadt Bonn bzw. Wuppertal.

Im Gedicht finde ich mich als Mensch mit „Sorgen" (V. 4) wieder. Der Junge und das Mädchen haben diese nicht, wenn man einmal davon absieht, dass das Mädchen die „Sorge" plagt, wie sie ihren „Wahnsinnstyp" erobern kann – was aber keine wirkliche Sorge ist.

Auch wenn beide Texte eine persönliche Begegnung beschreiben, gibt es hier einen deutlichen Unterschied. In Kurt Tucholskys Gedicht treffen sich zwei Augenpaare zufällig für einen kurzen Augenblick. Er genügt zwar, um Details wie Braue, Pupillen und Lider wahrzunehmen, ist aber rasch wieder vorbei und kann nicht wiederholt werden. Auch in der Kurzgeschichte kommt es zu diesem kurzen Blickkontakt, der sich später aber wiederholt und dann andauern kann. Die Chance einer näheren Bekanntschaft, einer Freundschaft, eines „Lebensglück[s]" (V. 11) besteht bei der kurzen Zufallsbegegnung im Gedicht nicht, in der Geschichte dagegen schon – es scheint sich zumindest etwas anzubahnen.

8. ✎ **Hinweis:** *Die Aufgabe ist zwar zweigliedrig gestellt, hier steht aber zweifellos die Freundschaft im Mittelpunkt der Betrachtung oder genauer gesagt Faktoren, die sie gelingen lassen. Dass man sich auf den ersten Eindruck nicht immer verlassen kann, belegst du mit einem oder mehreren Beispielen. Damit schaffst du dir den Einstieg. Aus den Erfahrungen, die du im Umgang mit deinen eigenen Freunden gemacht hast, kannst du bestimmt Faktoren ableiten, die für eine gute Freundschaft wichtig sind.*

Skizziere zunächst möglichst viele Gedanken und bringe sie auch von ihrer Wichtigkeit her in eine passende Rangfolge. Die konkreten Beispiele müssen deine Aussagen überzeugend untermauern.

Um deine Gedanken zu ordnen und um zu vermeiden, dass du wichtige Punkte in deiner Stellungnahme vergisst, solltest du anhand deiner Notizen eine kurze Gliederung erstellen. Sie gewährt dir eine logische Abfolge der einzelnen Gesichtspunkte und Argumente. Eine abschließende Gesamtbewertung rundet deine Ausführungen ab.

Mit dem ersten Eindruck ist das so eine Sache. Es heißt, dass er der alles entscheidende sei, denn hat man erst einmal einen schlechten ersten Eindruck hinterlassen, lässt sich der so schnell nicht wieder ausbügeln.

Einleitung
Das Problem mit dem „ersten Eindruck"

Nicht umsonst bekommt man daher gute Ratschläge, wie man sich beispielsweise bei einem Vorstellungsgespräch kleiden und verhalten soll. Da wir Menschen eben so sind, dass wir schon nach einer ersten Begegnung über andere urteilen, ist es klug, sich an den gän-

Hauptteil
1. Erste Eindrücke
• z. B. beim Vorstellungsgespräch

gigen Benimmregeln zu orientieren und insgesamt auf ein gepflegtes Äußeres zu achten. Eine echte Garantie für mein Gegenüber ist das aber nicht. Denn herauszufinden, ob ich später auch pünktlich bin, meinen Arbeitsplatz aufräume oder mit Kunden und Kollegen gut zurechtkomme, erfordert natürlich mehr als einen ersten Eindruck.

Als meinem Vater vor einiger Zeit die Leitung einer kleinen Zweigstelle in seiner Firma angeboten wurde, hat ihn eine erste Besichtigung vollkommen frustriert. Die Fahrstrecke dahin war umständlich, die Mitarbeiter gaben sich verschlossen, sein Büro sah alles andere als einladend aus und das galt auch für das gesamte Gebäude. Nach diesem ersten Eindruck lehnte er ab. Man bat ihn, das Ganze noch einmal zu überdenken, und räumte ihm eine Art Probezeit ein. Schon nach kurzer Zeit sah er die Sache ganz anders: Bessere Mitarbeiter konnte er sich gar nicht mehr vorstellen, für ein neues Büro bekam er das nötige Geld und die Fahrstrecke brauchte er plötzlich zum Nachdenken, wie er sagte.

- z. B. beim Antritt einer neuen Stelle

Wenn es um Freundschaft geht, kann der erste Eindruck schon gar nicht genügen. Ob sie gelingt, hängt von ganz anderen Faktoren ab.

2. Faktoren einer gelingenden Freundschaft

Freundschaft muss auf Erfahrung aufbauen, also braucht sie Zeit zum Reifen und Wachsen. Das ist die Voraussetzung, um den anderen genauer kennenzulernen. Nur so kann man sich schließlich gegenseitig wirklich vertrauen und sicher sein, dass Probleme und persönliche Dinge, die man von sich preisgibt, nicht weitererzählt werden. Ehrlichkeit und Offenheit muss man dabei voraussetzen können.

- Zeit zum Wachsen

Es ist zwar kein Muss, aber gemeinsame Interessen, z. B. in der Freizeit, fördern die Freundschaft.

- gemeinsame Interessen

Natürlich muss jeder seine eigene Meinung vertreten dürfen, ohne dass er ständig vom anderen kritisiert wird. Toleranz ist ein besonders wichtiges Kennzeichen für eine gute Freundschaft.

- Toleranz

Freunde sollten auch füreinander Zeit haben, nicht nur für gemeinsame Unternehmungen und Hobbys, sondern auch um sich gegenseitig zuzuhören, sich mit den Anliegen und Bedürfnissen des jeweils anderen auseinanderzusetzen und ihm das Gefühl zu geben, dass man da ist, wenn man gebraucht wird. Dieses Geben erfordert oft echten Einsatz. Guter Wille und pauschale Ratschläge genügen nicht. In einer echten Freundschaft werden sich Geben und Nehmen immer ergänzen und nie einseitig ausgerichtet sein.

Selbst unter guten Freunden darf auch einmal gestritten werden. Eine wirkliche Freundschaft wird solche Auseinandersetzungen aushalten.

Wenn sich der erste gute Eindruck bei einer Begegnung auch auf Dauer gesehen bestätigt, ist das für den Betreffenden eine tolle Sache. Blind darauf verlassen möchte ich mich persönlich aber nicht. Man muss sich schon Zeit nehmen und manches auch kritisch hinterfragen, um alle Seiten eines Menschen oder einer Sache kennenzulernen.

- Zeit füreinander haben, vor allem bei Problemen

- Geben und Nehmen

Streit auch unter Freunden möglich

Schluss
Wenn sich der „erste Eindruck" bestätigt ...

Teil B: Text 2

1. **Hinweis:** Um den Inhalt des Textes in nur wenigen Sätzen wiedergeben zu können, musst du ihn sehr aufmerksam lesen. Gehe möglichst abschnittsweise vor und achte darauf, wann ein neuer Gedanke beginnt. Wenn du die entsprechenden Schlüsselstellen markierst, kannst du sie anschließend zusammenfassen und aufschreiben. Damit du dich nicht in Einzelheiten verlierst, solltest du immer wieder größere Textabschnitte wiederholend lesen. Meist beginnt übrigens ein neuer Abschnitt auch mit einem neuen Gedanken. Beginne deine Inhaltszusammenfassung mit einem einleitenden Satz, in dem du Autor, Titel und Textsorte nennst und sagst, worum es im gesamten Text geht. Nenne dann wichtige Inhalte. Schreibe im Präsens.

In dem Artikel „Faulenzen will gelernt sein" von Volker Gustedt erfährt der Leser, wie wichtig es besonders für Kinder ist, bei andauernder Reizüberflutung Phasen der Entspannung und Muße einzuplanen.

Zunächst zeigt der Autor an Beispielen auf, welche Freizeitbeschäftigungen der Kinder ihre Eltern oft auf die Palme bringen, weil in ihren Augen die Kinder mit diesen Aktivitäten Zeit vertrödeln. Kinder und Jugendliche empfinden dieses „Rumhängen" aber als Entspannung: Abtauchen in die

Computerwelt, Heavy Metal hören, im Baumhaus stundenlang mit einer Freundin reden.
Entwarnung gibt ein Wissenschaftler, der nicht der Meinung ist, dass schlechtere Schulleistungen die Folge solcher Freizeitaktivitäten sein sollen. Stattdessen würde er sich noch mehr „ungebundene Zeit" für Kinder und Jugendliche wünschen, da ständiger Leistungsdruck krank machen könne.
Ergebnisse psychologischer Studien und Erkenntnisse aus der Hirnforschung zeigen deutlich, dass Entspannung eine bessere Lernleistung und Merkfähigkeit zur Folge hat. Ruhige Tätigkeiten, so erfährt der Leser, sind allerdings Voraussetzung für diesen positiven Effekt, lauter und aggressiver Medienkonsum bewirkt das Gegenteil.
Am Schluss des Textes ist zu lesen, dass sich manche Schulen durch entsprechende Änderungen im Schulalltag diese Erkenntnisse bereits zunutze gemacht haben und dass auch zu Hause der Wechsel von Arbeits- und Ruhephasen eine feste Einrichtung sein sollte.

2. *Hinweis: Die Überschrift ist für das Textverständnis sehr wichtig. Überschriften sollen in der Regel die Kernaussage eines Textes widerspiegeln, neugierig machen und so zum Lesen des ganzen Textes motivieren. Eine Überschrift sollte kurz und mit einem Blick erfassbar sein. Beachte diese Punkte bei der Suche nach einer passenden Überschrift.*

   Mögliche Überschriften:
   - Nichtstun erlaubt!
   - Müßiggang ist nicht aller Laster Anfang
   - Faulenzen erwünscht: Muße statt Reizüberflutung

3. *Hinweis: Einige der im Text verwendeten Fremdwörter sollst du den in der Aufgabe vorgegebenen deutschen Wörtern zuordnen. Gehe so vor: Lies den Text aufmerksam durch und markiere alle Fremdwörter. Dabei fällt dir vielleicht schon die eine oder andere Lösung ins Auge. Beim ersten Lesen könnte es durchaus passieren, dass du einige Fremdwörter gar nicht erkennst, weil man sie durch den häufigen Gebrauch oft nicht mehr als solche wahrnimmt. Wenn du unsicher bist, schlage im Wörterbuch nach, dort sind Fremdwörter erklärt. Achte aber darauf, dass ein Wort mehrere Bedeutungen haben kann. Betrachte das gesuchte Wort also immer im Textzusammenhang.*

   a) ertragen, gewähren lassen — tolerieren (Z. 16/17)
   b) festigen, verfestigen — stabilisieren (Z. 77/78)
   c) Gleichgewicht — Balance (Z. 97)
   d) gesteigerter Bewegungsdrang — Hyperaktivität (Z. 50/51)

4. ✏ **Hinweis:** *Alle im Satz vorkommenden Wörter musst du von ihrer Bedeutung her verstehen. Das Wörterbuch kann dir bei der Klärung helfen. Der Satz ist aus dem Textganzen herausgenommen; lies deshalb den gesamten betreffenden Abschnitt noch einmal nach. Dann bleibt dir eigentlich nur noch das mehrmalige aufmerksame Lesen des Satzes.*

Unter einer Allianz versteht man einen Zusammenschluss oder eine Verbindung. Staaten schließen sich häufig zusammen, um noch stärker und mächtiger auftreten zu können. Kräfte werden quasi gebündelt. Im übertragenen Sinn kann man sich das auch beim Zusammentreffen schlechter Noten und all der eher negativen Dinge, die die Pubertät kennzeichnen, vorstellen.

Gerade in dieser Umbruchphase fehlt z. B. meist die Einsicht, dass man etwas für die Schule tun muss. Die guten Ratschläge der Eltern zählen wenig, gegen Vorschriften wird protestiert, Gegenargumente sind schnell gefunden. Schlechte Noten bleiben da oft nicht aus.

Spätestens jetzt scheint es tatsächlich so, als ob diese „pubertäre Widerspenstigkeit" und die schlechten Schulleistungen eine Allianz eingingen, um ganz sicher zu gehen, dass die Eltern den Gegenangriff starten. Deutliche Worte und lautere Töne stören dann zumindest vorübergehend den Familienfrieden.

5. ✏ **Hinweis:** *Sieh dir das Diagramm an. Beachte die Art und Häufigkeit der aufgelisteten Freizeitbeschäftigungen. Du kannst dir jetzt ein Bild davon machen, wie Kinder zwischen 6 und 13 Jahren ihre Freizeit verbringen. Der Inhalt und die im Text genannten Erkenntnisse zum Problem Anspannung und Entspannung sind dir durch die Bearbeitung der ersten vier Aufgaben sicher noch präsent. Vergleiche nun Diagramm und Textaussage miteinander. Achte auf eine angemessene Begründung deiner Aussagen.*

Das im Diagramm dargestellte Freizeitverhalten der Kinder entspricht nicht den im Text genannten Erkenntnissen. Die Erkenntnisse des Textes liegen darin, dass es für das Gleichgewicht von Körper und Geist sehr wichtig ist, dass auf Spannungsphasen immer wieder Ruhephasen folgen. Im Text heißt es, dass Fernsehen, laute, aggressive Musik und angestrengtes Computerspielen keine geeigneten Möglichkeiten zur Entspannung sind. Dem Diagramm lässt sich aber entnehmen, dass 78 % der 6- bis 13-Jährigen täglich oder fast täglich fernsehen, knapp ein Drittel der Kinder (29 %) Musik-CDs hört und ein Viertel (25 %) fast täglich den Computer nutzt. Allerdings wird im Diagramm weder bei der Art der Musik (laut und aggressiv oder leise und melodisch) noch bei der Art der Computernutzung (angestrengt oder entspannt) unterschieden.

Wirklich ausruhen und nichts tun gelingt nur 19 % der Kinder. Das entspricht ganz und gar nicht der Erkenntnis, dass gerade diese Form der Entspannung für den Lernprozess vorteilhaft wäre und gesundheitlichen Problemen entgegenwirken könnte. Ähnlich verhält es sich mit weiteren genannten Tätigkeiten, die für Entspannung sorgen könnten: Familienunternehmungen, malen oder basteln, Sport oder Bücher lesen. Tatsächlich nehmen nur 14 % der 6- bis 13-Jährigen täglich ein Buch zur Hand, lassen sich in eine andere „Welt" entführen und finden so echte Entspannung.

Freunde treffen, draußen und drinnen spielen, auch mit einem Haustier, das sind Freizeitbeschäftigungen, die Alltagsprobleme vorübergehend zwar vergessen lassen. Aber eigentlich sind sie nur bedingt geeignet, um das Kind wirklich zur Ruhe kommen zu lassen, oder damit es sich, wie es im Text beschrieben ist, „gezielte Mußestunden" verschafft. Sieht dieses Spiel mit Freunden aber so aus wie im Bild, dass die Kinder zusammen am See sitzen, die Beine baumeln lassen, in die Wellen schauen und mal fast gar nichts sagen, dann sind sie, auf dem besten Weg, das „Faulenzen" zu lernen.

6. *Hinweis:* *Stelle zunächst Überlegungen zu dem sprachlichen Bild der „Reizüberflutung" an. Mache dir die wörtliche Bedeutung des Begriffs klar. Trenne das zusammengesetzte Wort in seine Einzelteile, „Reiz" und „Überflutung", und stelle dir eine echte Flut aus Wasser vor. Überlege dann, was hier im Text mit dem Begriff „Reizüberflutung" ausgesagt werden soll, das ist die übertragene Bedeutung.*
Schau dir anschließend die Karikatur an. Was siehst du? Mache dir Notizen. Du wirst erkennen, dass hier ein Junge zahlreichen Reizen ausgesetzt ist, von denen er praktisch „überflutet" wird.

a) Fernseher mit Spielekonsole, Computer und Hi-Fi-Anlage umzingeln einen Jungen regelrecht, der gerade in ein Heft schreibt. Er hat offensichtlich alle Geräte gleichzeitig in Betrieb. Auf dem Fernsehschirm sieht man ein „Ballerspiel", die Stereoanlage läuft, mit einer Hand bedient er den PC und auf seinen Ohren sitzen noch Kopfhörer, die sicher an eine weitere Tonquelle gekoppelt sind.
Die Karikatur will darauf hinweisen, dass sich Jugendliche oft vielfältigen Reizen gleichzeitig aussetzen, sich regelrecht von ihnen überfluten lassen. Wie die Wassermassen bei einer echten Flut wird hier das Übermaß an Reizen, die so schnell gar nicht verarbeitet werden können, zur Bedrohung.

b) Mögliche negative Folgen:
- Hyperaktivität
- Aggressionen
- Angstzustände und Schlaflosigkeit
- ständige Infektionskrankheiten
- daraus resultierend: schlechte Schulnoten

7. **Hinweis:** *Diesen Druck kennst du aus eigener Erfahrung und natürlich auch das, was du zum Ausgleich machst. Gehe einmal eine normale Schulwoche in Gedanken durch. Was belastet dich und wie gelingt dir dann die Gestaltung deiner Freizeit? Was hilft dir besonders, wieder zur Ruhe zu kommen und neue Kraft zu schöpfen? Das müssen nicht immer große Unternehmungen sein, manchmal sind es eher die unscheinbaren, kleineren Tätigkeiten.*

Manchmal bin ich ganz schön müde, wenn ich aus der Schule komme. Nach so richtig anstrengenden Tagen helfen mir meine Lieblingsbeschäftigungen, mich wieder zu entspannen. Zum Beispiel gehe ich dann gerne mit unserem Hund spazieren. Auf diesen Spaziergängen kann ich mich gut entspannen, über vieles nachdenken und Pläne schmieden.

Auch beim Schwimmen kann ich sehr gut abschalten. Das tägliche Training im Schwimmverein ist das, worauf ich mich immer am meisten freue. Hier kann ich alles vergessen, meinen Frust loswerden und mich nach dem vielen Sitzen in der Schule richtig „austoben". Danach bin ich gerne in meinem Zimmer und höre Musik. Wenn ich so daliege, denke ich eigentlich an gar nichts, döse nur oder träume ein wenig.

Eine weitere Möglichkeit, zur Ruhe zu kommen, ist das Fotografieren. Als ich acht Jahre alt war, hat mir mein Vater eine einfache Kamera geschenkt und damit eine Leidenschaft geweckt. Oft unternehme ich an Wochenenden ausgedehnte Streifzüge durch die Umgebung. Für mich ist das ein guter Ausgleich zur stressigen Schulzeit und zur Hektik, die einen ständig umgibt. Danach fällt mir auch das Lernen wieder leichter.

8. **Hinweis:** *Überlege zunächst, in welchen Lebensbereichen du dir schon einmal Ziele gesetzt hast. Denke an Freizeit, Schule, anstehende Ausbildung, Familie und Freundeskreis. Passende Beispiele lassen sich hier sicher leicht finden. Wenn man sich Ziele steckt, geht man damit aber auch Verpflichtungen ein, denn ohne etwas für seine Ziele zu tun, wird man sie nicht erreichen. Wenn du an deinen Alltag denkst, stellst du schnell fest, dass dir täglich solche Pflichten auferlegt sind wie z. B. Pünktlichkeit, Zuverlässigkeit etc. Die Aufgabe gibt nicht vor, wie viele Beispiele du finden sollst. Beachte aber, dass die Beispiele aus zwei unterschiedlichen Lebensbereichen stammen müssen. Du kannst mit einer kurzen Einleitung beginnen, in der du zum Thema hinführst, anschließend beschreibst du deine Beispiele.*

Es ist wichtig, im Leben Ziele zu haben und diese dann auch konsequent zu verfolgen. Egal ob es ganz kleine sind, die man schnell erreichen kann, oder solche, die erst nach jahrelanger Arbeit zum Erfolg führen. Immer ist es wichtig, dass man sich dafür ins Zeug legt, Hindernisse überwindet und Ausdauer zeigt. Wenn man sich ein solches Ziel gesetzt hat, bestimmt es mehr oder weniger stark das eigene Handeln und man stellt schnell fest, dass man nicht immer machen kann, wozu man gerade Lust hat.

Aus eigener Erfahrung kann ich z. B. sagen, dass mein fester Vorsatz vor wenigen Monaten, in der nächsten Mathematikprobe eine bessere Note zu erzielen, auch meinen ganzen Einsatz forderte. Ich hatte mir dieses Ziel zu setzen, ob ich wollte oder nicht, es ging auch um die Abschlussprüfung. Meinen Alltag musste ich danach ausrichten, auch wenn das manchmal wirklich keinen Spaß machte. Wenn meine Freunde zum Schwimmen gingen, brauchte ich die Zeit zum Lernen. Fernsehen und Spielen am PC waren zwar nicht ganz gestrichen, aber doch stark eingeschränkt. Dahinter steckten keine Verbote meiner Eltern, sondern meine eigene Einsicht, dass ich nicht anders zum Ziel kommen würde.

Meinem Freund, der bereits in der Ausbildung ist, ergeht es ähnlich, wenn auch auf einer ganz anderen Ebene. Sein Traum ist die Mitarbeit in einer Hilfsorganisation im Ausland. Diese Absicht ist die eine Seite, ob sie sich verwirklichen lässt, die andere. Es hängt von vielen Dingen ab. Zum einen ist eine abgeschlossene Berufsausbildung nötig – die macht er gerade. Zum anderen lässt ihm sein Ziel kaum noch Freizeit. In den Urlaub fahren oder auch abends mit Freunden ins Kino gehen ist gestrichen. Stattdessen lernt er eine weitere Fremdsprache, beschäftigt sich mit den Vorbereitungen für ein solches Unternehmen und schränkt sich überall stark ein, weil ihn sein Ziel natürlich auch finanziell fordert.

Ein anderes Beispiel betrifft meinen Vater. Er träumt seit Jahren von einem eigenen Wohnmobil. Er besucht jede Freizeitausstellung, studiert Bücher und Zeitschriften, holt testweise Angebote ein. Nun war das nicht allein seine Idee, sondern die ganze Familie ist begeistert von dieser Art Urlaub zu machen. Dieses Ziel bedeutet aber auch Einschränkungen für uns alle. In der nächsten Zeit werden wir sicher sparen müssen. Meine große Schwester teilt sich z. B. mit meiner Mutter den kürzlich erstandenen Gebrauchtwagen. Der Wunsch nach einem neuen Auto ist vorerst auf Eis gelegt. Mit meinem alten PC muss ich noch einige Zeit auskommen. Obwohl jeder seine besonderen Wünsche hat, werden wir uns alle einschränken müssen, auch mein Vater mit seiner Vorstellung von der Größe des Wohnmobils.

Ein letztes Beispiel möchte ich noch nennen: Ich bin eine begeisterte Schwimmerin und seit Jahren im Verein aktiv. Das ist auch meine liebste Freizeitbeschäftigung. Es hat sich schon früher gezeigt, dass ich sehr gute Zeiten schaffe, und mein Trainer meinte, ich könnte vielleicht beruflich etwas daraus machen. Das kann ich mir zwar noch nicht so recht vorstellen, aber ich habe mir seit diesem Gespräch das Ziel gesteckt, auch bei größeren Wettkämpfen, z. B. auf Landesebene, mit sehr guten Leistungen aufzuwarten. Das verfolge ich auch konsequent. Nach der Schule und den Hausaufgaben bedeutet das für mich Training. Manchmal fällt es schon schwer zurückzustecken, wenn ich Lust auf Kino hätte oder darauf, mit Freundinnen durch die Stadt zu ziehen. „Habe heute keine Lust aufs Schwimmen" gibt es nicht. Und abends vorm Fernseher sitzen und Chips knabbern ist eher eine Seltenheit für mich. Mein Ziel kostet oft auch Überwindung, aber ich würde es nicht mehr aufgeben wollen.

Wenn man sich Ziele steckt und sie konsequent verfolgen will, muss man sich in vielen Dingen einschränken und Abstriche machen. Das kostet zwar manchmal viel Kraft, zeigt einem aber auch, was man schaffen kann, wenn man es nur wirklich will.

Abschlussprüfung 2010

Teil A: Rechtschreibung I

1. **Hinweis:** *Für jeden Fehler wird ein Punkt abgezogen. Für fehlende Satzzeichen, Umlautzeichen und i-Punkte wird je ein halber Punkt abgezogen. Wiederholungsfehler werden einfach gewertet. Nach dem Diktieren überarbeitest du deinen Text mithilfe des Wörterbuchs. Wende dabei auch die gelernten Rechtschreibstrategien an.*

   ### Glück in der Ferne
   Aus aller Welt kommen Menschen nach Deutschland, / um hier Arbeit zu finden. / Aber auch viele Deutsche / suchen ihr Glück in der Ferne. / Jenseits der Landesgrenzen / hoffen sie auf höhere Bezahlung, / bessere Aufstiegsmöglichkeiten / und die Erweiterung ihres Horizonts. / Welche Länder bieten besonders gute Perspektiven? / Welche Arbeitsmärkte öffnen sich / jungen Deutschen bereitwillig? / Wie lebt es sich eigentlich im Ausland? / Auch manche Fernsehserien versuchen[,] / die Risiken und Chancen des Auswanderns / intensiv miterleben zu lassen.   *(74 Wörter)*

Teil A: Rechtschreibung II

2. **Hinweis:** *Für jede richtige Strategie gibt es einen Punkt.*
   Die Endung „-ig" signalisiert dir, dass es sich um ein Adjektiv handelt, z. B. zornig, billig, farbig. Adjektive (Eigenschaftswörter) schreibst du klein.
   Um zu belegen, dass das Wort „Arbeitsmärkte" mit Umlaut „ä" und nicht mit „e" geschrieben wird, bildest du den Singular („Arbeitsmarkt") oder versuchst, ein verwandtes Wort zu finden („Markt"). Hier siehst du dann eindeutig, dass der Vokal „a" im Plural zu „ä" wird.

Beispielwort	Lösungsstrategie
bereitwillig	• Überprüfung der Endung (-ig) *oder* • Überprüfung der Wortart (Wie?)
Arbeitsm**ä**rkte	• Bildung des Singulars (der Arbeitsmarkt) *oder* • Ableitung von einem verwandten Wort (z. B. Markt)

3. ✏ **Hinweis:** *Für jedes fehlende bzw. falsch gesetzte Satzzeichen wird jeweils ein halber Punkt abgezogen.*

In Australien reicht die Geburtenrate nicht aus, um für ausreichend Nachschub an Arbeitskräften zu sorgen. Vor einigen Monaten versicherte der Regierungschef: „Aus allen Ländern der Welt nehmen wir ausgebildete Menschen, die den Anforderungen entsprechen."

✏ **Hinweis:** *Die Wendung „um ... zu" zeigt dir einen erweiterten Infinitivsatz an, vor dem du ein Komma setzen musst. Wo der erste Satz zu Ende ist, erkennst du am nachfolgenden Satzanfang, der großgeschrieben wird. Beachte im zweiten Satz die wörtliche Rede. Setze einen Doppelpunkt und vergiss auch nicht die Anführungszeichen. In der wörtlichen Rede musst du noch ein Komma setzen, um den Relativsatz abzugrenzen.*

4. ✏ **Hinweis:** *Lies den Satz langsam, dann erkennst du die bekannten Wörter. Markiere dir am besten mit Schrägstrichen, wo ein neues Wort beginnt. Achte beim Aufschreiben des Satzes auf die richtige Groß- und Kleinschreibung.*
Für jeden Fehler wird dir ein halber Punkt abgezogen.

Ein ungebremster Aufschwung und Tiefstände bei den Arbeitslosen lassen Australien in aller Welt nach Fachkräften Ausschau halten.

5. ✏ **Hinweis:** *Korrigiere den Text mithilfe der gelernten Rechtschreibstrategien. Wenn du dir bei der Schreibung einzelner Wörter unsicher bist, schlage sie im Wörterbuch nach.*
Jedes richtig verbesserte Wort wird mit einem halben Punkt bewertet.

a) regelmäßig
b) jeweilige
c) erläutert
d) Leben

Teil B: Text 1

1. ✏ **Hinweis:** *Um den Inhalt des Textes in nur wenigen Sätzen wiedergeben zu können, musst du ihn sehr aufmerksam lesen. Gehe möglichst abschnittsweise vor und achte darauf, wann ein neuer Gedanke beginnt. Wenn du die entsprechenden Schlüsselstellen markierst, kannst du diese abschließend zusammenfassen und niederschreiben. Damit du dich nicht in Details verlierst, solltest du immer wieder größere Textabschnitte wiederholend lesen.*

Im Text „Jenny" aus dem Buch „Der bunte Hund" von Achim Bröger erzählt die Ich-Erzählerin, ein junges Mädchen, von einem Nachmittag mit ihrer behinderten jüngeren Schwester Claudia. Sichtlich enttäuscht, teilweise auch verärgert darüber, dass sie nichts mit ihren Freunden unternehmen kann, passt sie wieder einmal auf Claudia auf, weil die Mutter zum Einkaufen in die Stadt muss.

Claudia ist seit ihrer Geburt, bei der es zu Komplikationen kam, behindert. Körperlich zwar groß gewachsen, verhält sie sich aber trotzdem noch wie ein kleines Kind. Claudia spricht nur wenige, meist unverständliche Worte, sie stellt kindliche Dinge an und braucht Hilfe beim Anziehen. Ihr die täglich notwendige Tablette zu geben, entwickelt sich zu einer nervlichen Belastung.

Als die Ich-Erzählerin mit ihr ins Freie geht, freut Claudia sich. Dort treffen sie auf Jenny, die beste Freundin der Ich-Erzählerin. Für Jenny ist es schwer nachzuvollziehen, dass die Schwester ihrer Freundin behindert ist und kaum sprechen kann. Nach einer kurzen Unterhaltung mit der Ich-Erzählerin verschwindet Jenny dann rasch.

Als Claudia plötzlich das Wort „Jenny" hervorbringt – ein für sie ganz neues Wort – freut sich die Ich-Erzählerin riesig. Überglücklich ist sie über diesen gewaltigen Lernzuwachs ihrer Schwester. Sie ist froh, dass sie auch diesen Nachmittag bei Claudia geblieben ist.

2. **Hinweis:** *Suche nach Eigenschaften und Verhaltensweisen, die für das behinderte Mädchen Claudia charakteristisch sind, die sie und ihr Leben, in das wir im Text nur einen sehr begrenzten Einblick bekommen, besonders treffend beschreiben. Durch aufmerksames Lesen wirst du sicher rasch fündig. Die vier Informationen schreibst du stichpunktartig heraus, wobei du selbstverständlich auch in Stichpunktsätzen formulieren kannst.*

Mögliche Informationen:
- kann kaum mehr sprechen als ein ganz kleines Kind
- bekam bei ihrer Geburt zu wenig Luft und ist seitdem behindert
- macht Dinge, die ärgerlich sind (verstopft die Toilette mit Klopapier, schmeißt die Tür mit Wucht zu, poltert über die Treppe)
- freut sich, wenn sie ins Freie gehen darf
- ist in der Lage, ein neues Wort zu lernen: „Jenny"
- verbindet bestimmte Handlungen (das Niederdrücken des Türgriffs) mit Personen (ihrem Papa) und ganz offensichtlich mit Erinnerungen
- kann Schuhe nicht allein anziehen

3. **Hinweis:** *Du hast es hier mit einfachen sprachlichen Bildern zu tun, die neben einer wörtlichen immer auch eine übertragene Bedeutung haben. Den Widerspruch kannst du problemlos klären, wenn du dich von der Vorstellung löst, dass sich die Wörter „klein" und „groß" nur auf Körpermaße beziehen. Mache dir noch einmal die Verhaltensweisen des behinderten Mädchens klar, dann bekommen die Begriffe eine ganz andere Bedeutung und die Erklärung ist leicht zu finden.*

Wenn die Ich-Erzählerin Claudia ihre „kleine große Schwester" nennt, scheint das zunächst ein Widerspruch zu sein. Immerhin ist sie fast so groß wie sie, wahrscheinlich ein paar Jahre jünger, aber kein kleines Kind mehr.

Für ihre Körpergröße mag das zutreffen, nicht aber für ihr Verhalten. Aufgrund ihrer geistigen Behinderung ist sie tatsächlich wie ein kleines Kind. Sie spricht nur wenige Wörter, kann sich nicht selbst ankleiden und tut manchmal Dinge, die man auch bei kleinen Kindern beobachten kann.

Mit der Bezeichnung „kleine große Schwester" drückt die Ich-Erzählerin aus, dass Claudia einerseits groß gewachsen ist, andererseits aber noch „klein" – im Sinne von kindlich – ist, wenn man sieht, wie sie sich verhält und was sie kann.

4. **Hinweis:** *Im Text sind mehrere Stellen zu finden, die sich gut eignen, um die Aussage zu belegen. Dazu musst du ihn noch einmal aufmerksam lesen. Achte vor allem auf die Abschnitte, in denen die Ich-Erzählerin über ihre Wünsche und Gefühle spricht, sie sind besonders aufschlussreich für dich. Am besten markierst du dir zuerst alle passenden Aussagen und suchst dir dann diejenigen heraus, die du am überzeugendsten findest.*

Die Ich-Erzählerin kümmert sich fürsorglich und mit großer Geduld um ihre behinderte Schwester Claudia. Trotzdem wird im Text deutlich, dass das nicht immer einfach für sie ist und es Momente gibt, in denen ihr diese verantwortungsvolle Aufgabe richtig zusetzt.

So fällt es ihr schwer, dass sie nicht wie geplant mit ihren Freunden Jenny und Bernd Fahrrad fahren kann, sondern wieder auf ihre Schwester aufpassen muss. Sie ärgert sich darüber (vgl. Z. 77–79) und scheint auch ein wenig eifersüchtig auf die beiden Freunde zu sein (vgl. Z. 13/14).

Die Ich-Erzählerin fühlt sich allein, denn es ist schwierig, sich mit Claudia zu unterhalten. Sie würde sich wünschen, normal mit ihr sprechen zu können. Mit den wenigen Worten, die Claudia schafft, ist das natürlich ausgeschlossen und für ihre Schwester ziemlich belastend (vgl. Z. 109–111).

Sie trägt große Verantwortung dafür, dass Claudia die regelmäßig notwendige Tablette bekommt (vgl. Z. 44–46). Auch muss sie achtgeben, dass Claudia durch ihr kindliches Verhalten nichts anstellt. Sie erlebt immer wieder Situationen, die sie richtig fordern und ärgern. Nach dem Vorfall mit dem Klopapier ist sie z. B. ziemlich „sauer" (Z. 67) auf Claudia.

Eigentlich ist sie ohne Unterbrechung gefordert, hat keine Zeit für sich oder für ihre Freundin Jenny, die dafür wenig Verständnis aufbringt (vgl. Z. 126–131).

Aber dann gibt es eben auch wieder Lichtblicke wie das neue „Claudiawort", die zeigen, dass die Ich-Erzählerin trotz der Mühen mit ihrer Schwester glücklich sein kann (vgl. Z. 149–155).

5. **Hinweis:** *Betrachte das Bild ganz genau und in aller Ruhe. Achte dabei auf die Körperhaltungen der beiden Mädchen und auf deren Gesichtsausdruck. Überlege: Was könnte vorausgegangen sein, was sich gerade abspielen und was nachfolgen? Dann wirst du die passende Textstelle relativ leicht finden. Beachte auch die richtige Zitierweise.*

„Ich möchte 'n Purzelbaum schlagen auf dem Asphalt und tu's natürlich nicht. Dafür tipp' ich Claudia gegen die Schulter. ‚Jenny', sage ich, damit sie ihr neues Wort nicht vergisst. ‚Jenny', sagt sie. Und jetzt freu' ich mich riesig, dass ich bei ihr geblieben bin." (Z. 149–155)

6. **Hinweis:** *Diese offene Schreibform bietet dir die Möglichkeit, deine Gedanken ein wenig schweifen zu lassen. Allerdings weist dir die Aufgabe auch den Weg. Es ist wichtig, dass du dich in die Ich-Erzählerin hineinversetzt und dir vorstellst, du hättest diesen Tag mit Claudia durchlebt. Denke an die Belastungen und auch an den schönen Moment, als Claudia ein neues Wort gesprochen hat. Überlege, was es für die Ich-Erzählerin bedeutet, dass sie bei Claudia geblieben ist.*

Liebe Jenny,

du hast ja gesehen, dass ich heute wieder auf Claudia aufpassen musste. Es ist mir schwergefallen, zu Hause zu bleiben und nicht mit euch Rad fahren zu können, aber meine Mutter musste dringend weg.

Claudia hat mich ganz schön gefordert. Erst habe ich die Tabletten nicht gefunden, die sie dringend braucht, dann war sie selbst verschwunden, weil sie im Bad das Klo verstopft hat. Dafür kann sie nichts, ich weiß, aber es nervt manchmal schon sehr. Sie benimmt sich aufgrund ihrer Behinderung eben wie ein kleines Kind, was viel Geduld und gute Nerven verlangt.

Manchmal wünsche ich mir, ganz normal mit ihr sprechen zu können. Aber Claudia kann nur ein paar wenige Wörter. Oft weiß ich gar nicht, was sie meint. Am liebsten möchte ich dann einfach weg.

Heute Nachmittag war das plötzlich ganz anders. Ich war doch mit ihr draußen, als wir uns getroffen haben. Nachdem du weg warst, hat sie – kaum zu glauben – leise und noch undeutlich zum ersten Mal deinen Namen gesagt: „Jenny". Ich kann dir gar nicht sagen, wie glücklich ich über dieses neue „Claudiawort" war. Dass meine Schwester, die kaum mehr als ein Kleinkind spricht, plötzlich „Jenny" sagt, ist wie ein kleines Wunder. In diesem Moment habe ich mich so gefreut und es überhaupt nicht bereut, dass ich an diesem Nachmittag bei ihr geblieben bin.

Viele Grüße und bis morgen in der Schule
deine ...

7. ✐ **Hinweis:** *Jedes Detail in der Grafik ist wichtig: die Beschriftung der Achsen, die Länge der Balken und vor allem die Textangaben über und unter der Abbildung.*
Sieh dir die Grafik in ihren Einzelheiten genau an und stelle dann einen Zusammenhang zwischen den einzelnen Informationen her, um die zentrale Aussage zu formulieren.
In Teilaufgabe b musst du dir dann weitere Gedanken zur Grafik machen. Überlege, welche Anforderungen die Betreuung gesundheitlich eingeschränkter Personen an unsere Gesellschaft stellt: medizinische Behandlung, Pflegekosten usw.

a) Die Grafik bezieht sich auf das Jahr 2007 und zeigt in Form eines Balkendiagramms den Anteil der in Privathaushalten lebenden Menschen mit Behinderung in verschiedenen Altersabschnitten, aufsteigend vom 35. bis zum 94. Lebensjahr.

Aus der Abbildung wird ersichtlich, dass mit zunehmendem Alter die dauerhaften Gesundheitsprobleme, die das alltägliche Leben mehr oder minder stark einschränken, deutlich anwachsen. Sind in der Altersgruppe der 35- bis 44-Jährigen nur ca. 12 Prozent gesundheitlich eingeschränkt, verdoppelt sich dieser Anteil bereits bei den 65- bis 74-Jährigen und steigt dann in größeren Schritten auf über 40 Prozent bei den 85- bis 94-Jährigen.

b) Unsere gestiegene Lebenserwartung ist vielfach auch mit wachsenden Gesundheitsproblemen verbunden. Die dauerhaften Erkrankungen nehmen im Alter deutlich zu. Daher ist es wichtig, finanzielle Vorsorge zu treffen, um Behandlungs- und Pflegekosten zumindest teilweise auffangen zu können. Solche Sicherungssysteme muss eine Gesellschaft ihren Bürgern in zunehmendem Maße anbieten, z. B. durch eine gute Beratung, passgenaue Versicherungen und gesicherte Renten.

Aus der Grafik geht auch hervor, dass viele gesundheitlich eingeschränkte Personen in Privathaushalten leben. Das ist langfristig nur möglich, wenn unsere Gesellschaft den Betroffenen neben der finan-

ziellen Hilfe auch geschulte Pflegefachkräfte zur Seite stellt, um die Familienmitglieder zu unterstützen.
Ebenso stehen die Medizin und ganz allgemein die Wissenschaft vor neuen Herausforderungen. Das frühe Erkennen von Krankheiten, die Erforschung neuer, erfolgreicher Behandlungsmethoden und die Entwicklung von Hilfsmitteln, die den älteren Menschen das tägliche Leben erleichtern, sind nur einige der Aufgaben, denen wir gegenüberstehen.

8. **Hinweis:** *Bei diesem Auftrag bist du gefordert, ein Thema aus zwei Blickwinkeln zu untersuchen. Es geht also nicht darum, dass du dich für eine Sache und gegen eine andere entscheidest. Beides ist gleichermaßen zu betrachten: die Anstrengung und die Bereicherung des eigenen Lebens, wenn man sich um andere kümmert.*
Setzt du dich für andere Menschen ein? Sind deine Eltern engagiert, deine Verwandten, Freunde oder Bekannten, vielleicht auch Mitschüler? Suche Beispiele und nimm ausführlich Stellung. Skizziere vorab deine Gedanken und ordne sie.
Eine Zweigliederung nach dem klassischen Muster – zunächst alles, was anstrengt, dann alles, was belastet – ist nicht verlangt. Stattdessen kannst du bei jedem gewählten Punkt auch sofort beide Aspekte behandeln, um den logischen Gedankengang nicht zu stören.
Eine knappe Gliederung kann hilfreich sein, damit du keine Punkte vergisst. Einleitungs- und Schlussgedanke sind der Rahmen für den Hauptteil.

Im Text „Jenny" wird dem Leser deutlich vor Augen geführt, welche Anforderungen sich für die Ich-Erzählerin durch die Betreuung ihrer behinderten Schwester Claudia ergeben, aber auch welche positiven Gefühle diese besondere Beziehung hervorrufen kann.	**Einleitung** „Jenny" – inhaltlicher Bezug zum Ausgangstext
Sich für andere einzusetzen kostet wertvolle Zeit. Am Nachmittag kümmere ich mich beispielsweise des Öfteren um meinen Opa, der schwer gehbehindert ist. Bei ihm läuft alles langsamer ab, daher muss ich meist viel Geduld mitbringen. Auch seine Wünsche fordern gehörig Ausdauer von mir: Entweder soll ich ihm aus der Küche etwas holen oder ihn selbst in einen anderen Raum bringen. Dann braucht er Hilfe im Bad oder er benötigt eine neue Batterie für sein Hörgerät. Später lese ich ihm meist etwas vor oder wir spielen Karten. Bei gutem Wetter sitzen wir auch gerne gemeinsam auf dem Balkon und beobachten das Treiben auf der	**Hauptteil** **1. Beispiel: Opa** Anstrengung: • es kostet Zeit; man hat weniger Freizeit • es strengt körperlich an Bereicherung: • es macht zufrieden, weil man geholfen hat • man weiß, dass die investierte Zeit nicht vertan ist

Straße. Das beansprucht viel Zeit, die mir an anderer Stelle fehlt, z. B. um mit Freunden zu spielen, für die Schule zu lernen oder einfach nur zu entspannen. Andererseits macht es mich aber auch wieder zufrieden, wenn ich sehe, wie sehr Opa sich über meine Besuche freut. Er ist glücklich, dass er nicht allein sein muss, dass jemand da ist, mit dem er sprechen kann. Wenn ich dann abends über so einen Tag nachdenke, wird mir klar, dass diese Zeit bestimmt nicht vertan war.

Meiner großen Schwester ergeht es ähnlich, wenn sie manchmal auf die Kinder unserer Nachbarsfamilie aufpasst. Waren die Kleinen wieder besonders anstrengend und nervig, sagt sie immer, es sei das letzte Mal gewesen, dass sie sich das antue. Allerdings verfliegt der Ärger auch schnell wieder. Dann erzählt sie uns, wie dankbar und froh die Eltern über ihre Unterstützung seien, wenn beide wieder in der Spätschicht arbeiten müssen. Sie bekommt dadurch einen Einblick in eine andere Familie und wird sensibler für die Probleme der anderen.

2. Beispiel: Babysitten
Anstrengung:
- das geht an die Nerven

Bereicherung:
- man wird sensibler für die Bedürfnisse der anderen

Aus diesem Grund helfe ich seit einiger Zeit einem Mitschüler bei seinen Schulproblemen und gebe ihm Nachhilfe in Mathematik. Anfangs fand ich die Tätigkeit sehr frustrierend, weil sich trotz der vielen Zeit, die ich für Nachhilfe und Vorbereitung des Materials opferte, seine Leistungen nicht besserten. Obwohl ich selbst leicht lerne und gute Noten schreibe, konnte ich ihm den Stoff nicht vermitteln. Indem ich mit Geduld stärker versucht habe, auf seine Probleme einzugehen, und wir beide durchgehalten haben, hat sich nun merklicher Erfolg eingestellt. Das macht mich ein wenig stolz und natürlich auch selbstbewusster.

3. Beispiel: Nachhilfe
Anstrengung:
- man muss sich darauf vorbereiten
- man scheitert mitunter und ist dann frustriert

Bereicherung:
- man ist stolz auf sich
- man wird selbstbewusster

Zum Schluss möchte ich noch das Beispiel meines Onkels anführen, der den Einsatz für andere zu seinem Beruf gemacht hat. Er arbeitet bei der Feuerwehr und erzählt uns immer wieder, wie belastend die Einsätze mitunter sein können. Doch aufgeben würde er diesen

4. Beispiel: Feuerwehr
Anstrengung:
- das belastet körperlich und seelisch

Bereicherung:
- man lebt bewusster

Beruf keinesfalls. Auch wenn einige Einsätze mit Misserfolgen verbunden sind, bereichern die Situationen, in denen er mit seinen Kameraden helfen kann, sein Leben ungemein. Angesichts der vielen schlimmen Dinge, die ihm begegnen, hat er auch gelernt, sein eigenes Leben innerhalb der Familie viel bewusster zu gestalten.

Bedürftigen Menschen so gut es geht zu helfen, sollte für jeden selbstverständlich sein. In unserer Gesellschaft ist das eine Grundvoraussetzung, um überhaupt von einer menschlichen Gemeinschaft sprechen zu können. Wer immer nur auf sich selbst schaut, wird nie erfahren, wie sehr gegenseitige Hilfe das Leben bereichern kann. Allerdings braucht man auch einen kritischen Blick, damit die Hilfe nicht zur einseitigen Verpflichtung und Dauerbelastung wird.

Schluss
menschliche Gemeinschaft braucht gegenseitige Hilfe

Teil B: Text 2

1. *Hinweis: Lies den Text aufmerksam durch. Gehe beim Formulieren der Grundgedanken möglichst abschnittsweise vor. Meist beginnt ein neuer Abschnitt auch mit einem neuen Gedanken. Formuliere im Präsens.*

Im Artikel „Nur Mut" aus der Zeitschrift FOCUS-Online setzt sich die Autorin Susanne Rytina mit den Begriffen „Mut", „Übermut" und „Zivilcourage" auseinander.

Es wird deutlich, dass mutiges Verhalten nicht angeboren ist, sondern erst erlernt werden muss. So brauchen wir z. B. geeignete Vorbilder, um Mut zu entwickeln.

Eine besondere Form von Mut, der soziale Mut, ist die Zivilcourage. Zivilcouragierte Menschen setzen sich ganz bewusst im Sinne ihrer Wertvorstellungen ohne Rücksicht auf eigene Nachteile für andere ein. Dazu benötigt es Zutrauen zu uns selbst. Dieses Selbstvertrauen aufzubauen, kann eine lebenslange Aufgabe darstellen.

Darüber hinaus wird aufgezeigt, dass Mut immer auch mit Angst verbunden ist. Als positives Beispiel wird Harry Potter genannt, der seine Ängste überwinden lernt und dadurch immer mutiger wird.

Wird die Angst aber nur verdrängt und entfällt die Einschätzung des Risikos, ist die Grenze zum Übermut rasch überschritten. Gruppendruck und Isolationsängste sind häufig die Gründe für unüberlegtes, gefährliches Handeln.

Um mutig zu werden, darf man auch Fehler machen. Kleine Schritte im Alltag, so erfährt der Leser schließlich, können vom Kleinkind- bis ins Erwachsenenalter Mut fördern und damit den Weg zur Zivilcourage anbahnen und ebnen.

2. **Hinweis:** *Lies den Text aufmerksam durch und markiere am besten alle Fremdwörter. Dabei findest du vielleicht schon die ersten passenden Kombinationen. Es kann aber auch sein, dass du einige Fremdwörter gar nicht bemerkst, weil man sie durch den häufigen Gebrauch oft nicht mehr als solche wahrnimmt. Wenn du unsicher bist oder die Bedeutung eines Fremdwortes nicht kennst, kann dir der Duden eine Hilfe sein. Du musst aber unbedingt darauf achten, dass es mehrere Bedeutungen geben kann. Der Textzusammenhang spielt daher immer eine entscheidende Rolle.*

   a) Mangel — Defizit (Z. 50)
   b) ausgleichen — kompensieren (Z. 50)
   c) deutlich aussprechen — artikulieren (Z. 84)
   d) Wagnis — Risiko (Z. 69)

3. **Hinweis:** *Gehe den Text aufmerksam durch, bis du über die Stelle „stolperst", in der von Menschen mit Zivilcourage und deren Überzeugungen die Rede ist. Schreibe vier Beispiele stichpunktartig heraus.*

   Menschen mit Zivilcourage ...
   - sind gegen Willkür (vgl. Z. 30/31),
   - setzen sich für Demokratie ein (vgl. Z. 30/31),
   - schreiten gegen Mobbing und Gewalt ein (vgl. Z. 29/39),
   - grenzen niemanden aus (vgl. Z. 29/39).

4. **Hinweis:** *Du findest die Stelle vielleicht nicht auf Anhieb, weil die im Arbeitsauftrag verwendete Formulierung nicht wörtlich im Text auftaucht. Konzentriere dich auf den Inhalt der Aussage, nicht auf die Wörter. Wenn du ganz aufmerksam liest, fällt dir die Stelle sicher auf. Lass dich nicht verwirren, wenn darin Fremdwörter auftauchen, schlage sie im Zweifelsfall nach. Achte auch auf die richtige Zitierweise: Wörter in Anführungszeichen setzt du innerhalb des Zitats in einfache Anführungsstriche.*

   Dass Jugendliche und Erwachsene oftmals nicht den Mut aufbringen, „Nein" zu sagen, „liegt häufig an einer starken Bindung an die Familie, an

‚die Kumpels' oder die Clique. Loyalitätskonflikte und Isolationsängste hindern dann am mutigen kleinen Widerstand." (Z. 81–88)

5. **Hinweis:** *Die Begriffe „Mut" und „Übermut" werden im vorliegenden Text nicht nur verwendet, sondern auch gut erklärt. Suche die entsprechenden Stellen und mache dir den Bedeutungsunterschied noch einmal klar. Überlege, welche Situationen aus deinem eigenen Leben auf diese beiden Begriffe passen und führe jeweils ein geeignetes Beispiel an.*

„Mut beinhaltet immer auch die Fähigkeit zur Angst", heißt es im Text. Ich hatte gewaltige Angst, als ich letztes Jahr mit meinem Fahrrad am Haus von Frau Imler vorbeikam. Dort qualmte es aus allen möglichen Öffnungen. Das Haus liegt abgelegen. Frau Imler ist gehbehindert und hat einen lieben Mischlingshund. Der bellte wie verrückt vor der Tür. Über Handy rief ich Hilfe, aber mir war klar, dass dies zu lange dauern könnte. Flammen sah ich nicht und aus einer Feuerwehrübung in der Schule wusste ich, dass man bei Qualm ganz unten am Boden bleiben muss. Ich hatte das Gefühl, dass ich es schaffen könnte. Also tauchte ich ein Taschentuch in die Regentonne, hielt es mir vor Mund und Nase und kroch hinein. Frau Imler saß hilflos im Rollstuhl. Es gelang mir, sie zur Tür zu ziehen. Dann hörte ich auch schon die Sirenen. Hinterher sagte man mir, wie mutig ich gewesen sei. Wenn ich an meine Angst zurückdenke, kann ich mit Stolz sagen, dass ich in dieser Situation wirklich mutig war.

Ganz anders verhielt sich das bei einer Begebenheit mit meiner Clique vor wenigen Wochen. „Freerunning" war angesagt. Ich kannte bis dahin nicht einmal das Wort. Man springt dabei über Treppen, Mauern, Zäune, Geländer usw., möglichst ohne Umwege zu machen. Es sollte eine Mutprobe für mich sein. Trainiert oder gelernt hatte das keiner von uns, aber alle hatten es im Film schon gesehen. Ich war sozusagen das „Versuchskaninchen". Nachgedacht, was passieren könnte, habe ich nicht. Die Risiken habe ich vollkommen falsch eingeschätzt und Warnsignale in den Wind geschlagen. Im besagten Film konnte man nämlich auch die schlimmen Folgen sehen, wenn man vollkommen untrainiert solche Dinge angeht. Nach einem beherzten Anlauf und dem Sprung über eine nicht allzu hohe Mauer musste ich feststellen, dass dahinter leider eine Bordsteinkante war, über die ich stolperte.

Seit einer Woche bin ich wieder vom Gips an meinem linken Fuß befreit und um die Erkenntnis reicher, dass zwischen Mut und Übermut tatsächlich ein großer Unterschied liegt.

6. ✏ **Hinweis:** Bei der vorliegenden Abbildung handelt es sich um einen Cartoon, der eine durchaus ernste Situation komisch wirken lässt. Achte im Bild auf jedes Detail, lies dir die Aussage des Mädchens genau durch und denke daran, was du im Text über Zivilcourage erfahren hast. Beachte beim Formulieren der Reaktion des Jungen auch seinen Gesichtsausdruck.

Mit dem Satz „Wenn so ein Idiot zuschlägt, MUSS ich dann Zivilcourage zeigen, oder kann ich mich vielleicht auch heimlich verdrücken?!" wird die Verunsicherung des Mädchens in diesem Cartoon spürbar.

„Heimlich Verdrücken geht fast immer", antwortet der Junge, „aber ist das eine Lösung für dich? Wenn dir bestimmte Werte wichtig sind, dann wirst du nicht überlegen, ob es ein MUSS ist, in einer Situation einzugreifen, in der andere geschlagen, gemobbt oder ausgegrenzt werden. Dann gibt es keine Alternative, du wirst automatisch einschreiten, wenn so ein Idiot zuschlägt, und wirst dafür auch persönliche Nachteile in Kauf nehmen.

Das Besondere an der Zivilcourage ist, dass du eben nicht wegläufst, sondern Mut beweist, indem du Hilfe leistest oder zumindest andere ansprichst und sie auf eine kritische Situation aufmerksam machst. Zivilcourage setzt Einfühlungsvermögen und vor allem Vertrauen zu dir selbst voraus. Wenn du kein Selbstvertrauen hast, fehlt dir natürlich auch der Mut, dich in diese Auseinandersetzung einzumischen. Dabei darfst du aber auch Angst haben. Das ist ganz natürlich und auch wichtig.

Angst und Mut, das sind zwei Seiten einer Medaille. Beides macht Zivilcourage aus. Handle nicht unüberlegt und übermütig, sonst bringst du dich selbst in Gefahr. Prüfe, ob du der Situation gewachsen bist, und überlege, wie du am besten helfen kannst: Greifst du selbst ein, bittest du andere Leute um Hilfe oder rufst du besser die Polizei? Nur wenn du das Risiko richtig einschätzt, wirst du sinnvoll handeln.

Das richtige Wechselspiel zwischen Angst, Mut und Selbstvertrauen zu entwickeln ist nicht einfach, aber du kannst es lernen. Fange in kleinen Schritten und in alltäglichen Situationen an, indem du z. B. Nein sagst, wenn eine Mitschülerin aus deiner Klasse zum wiederholten Mal deine Hausaufgaben abschreiben möchte und sie dich dabei sogar unter Druck setzt. Sag beherzt Nein, wenn man dir Zigaretten oder Alkohol anbietet und du das nicht willst. Wie die anderen reagieren, muss dir dann egal sein. Es geht um deine Gesundheit. Das ist der direkte Weg zu dem mutigen Verhalten, das du brauchst, wenn in einer wirklich kritischen Situation echte Hilfe gefordert ist und du Zivilcourage zeigen WILLST.

Verstehst du jetzt, warum mich deine Frage, ob du Zivilcourage zeigen MUSST oder du dich auch heimlich verdrücken kannst, so verwundert?"

7. **Hinweis:** Um eine passende Geschichte schreiben zu können, überlegst du dir zunächst einmal, was die vier Zeilen aussagen, von denen jede einzelne das Wort „dachte" beinhaltet. Durch Denken allein geschieht noch nichts, dazu muss man auch handeln. Der letzte Satz steht im Konjunktiv und bringt genau das zum Ausdruck. Überlege, was die fünf Personen, die im Text vorkommen, getan oder besser gesagt nicht getan haben könnten. Eine Inschrift auf einem Grabstein bedeutet, dass dabei jemand gestorben sein muss. Du kannst aus der Sicht einer beteiligten oder unbeteiligten Person erzählen (hier: Ich-Erzählung aus Andreas Sicht).

Erst als ich die vertrauten Stimmen hörte, wurde ich damals auf die Situation aufmerksam, die sich unten in der Hofeinfahrt abspielte. Wir haben im dritten Stock eine Wohnung und ich passte gerade auf meine kleine Schwester auf, als es unten auffallend laut wurde. Ich lief gleich auf den Balkon und sah zwei größere Jungen aus dem Nachbarviertel, die sich über Markus aus meiner Klasse hermachten. Er saß auf seinem Moped, konnte aber nicht weiter, weil sie ihm den Weg versperrten, ihn ständig schubsten, gegen seine Maschine traten und an seiner Kleidung zerrten.

Meine Freunde Peter, Stefan, Susanne und Georg waren auch unten im Hof. Als die Großen anfingen, Markus ins Gesicht zu schlagen und in den Magen zu boxen, schrie ich „Aufhören". Wirkung zeigte das nicht, weil der Lärm der Straße so laut war. Peter und Stefan liefen dann weg. Susanne hielt ihren Hund fest und schaute hilflos zu mir nach oben. Georg wirkte ziemlich aufgeregt, dennoch hoffte ich, dass er eingreifen würde.

Endlich gelang es Markus, sich loszureißen. Als er mit seinem Moped zwischen zwei Büschen hindurch plötzlich auf die Hauptstraße schoss, hatte der Fahrer eines Lieferwagens keine Möglichkeit mehr zu bremsen.

Bei der späteren Befragung durch die Polizei zeigte sich, dass meine Freunde und ich meinten, der andere würde den Anfang machen und Hilfe leisten oder zumindest holen. Auch ich kam mir schuldig vor. Und zusammen wären wir doch alle ganz schön stark gewesen.

8. **Hinweis:** Wenn du einige Bereiche aus deinem Leben wie Freizeit, Schule, Familie und Freundeskreis durchstreifst, findest du wahrscheinlich problemlos Situationen, in denen du mit deiner Meinung schon einmal sehr zurückhaltend warst. Warum verhält man sich dann so? In welchem Umfeld geschieht das Ganze? Die Problematik musst du an zwei konkreten Beispielen aufzeigen.

Seine Meinung nicht zu äußern aus Angst, man könnte sich unbeliebt machen, kenne ich aus eigener Erfahrung. Ich bin leidenschaftliche Turnerin und schon seit meiner Kindergartenzeit im Verein aktiv. Nie habe ich jemals daran gedacht, mit dem Turnen aufzuhören. Vor etwa einem Jahr gab es jedoch plötzlich Unstimmigkeiten. Wir waren bis dahin eigentlich eine eingeschworene Gemeinschaft und verstanden uns prächtig, auch mit unserem Trainerteam. Aber zwei neue Trainer, veränderte Trainingszeiten, ein ungewöhnlich dichtes Programm und ein viel rauerer Umgangston seitens der neuen Übungsleiter hatten zu Meinungsverschiedenheiten innerhalb des Teams geführt.

Einige – darunter auch ich – kamen mit den Hausaufgaben nicht mehr zurecht, weil sich das Training sofort an den Unterricht anschloss. Schwierigkeiten in der Schule bahnten sich an. Ein nicht unerheblicher Teil von uns war aber der Meinung, dass das schon in Ordnung sei. Sie fanden das Verhalten der Trainer vertretbar, die unsere Probleme entweder gar nicht erkannten oder sie ignorierten. Zunehmend wurde das Ganze zur Qual.

Wir hatten aber – ehrlich gesagt – Angst davor, das Problem bei unseren Trainern und im ganzen Verein offen anzusprechen, weil wir befürchteten, als Nörgler und Miesmacher dazustehen und auch von den anderen ausgegrenzt zu werden.

Schließlich nahmen meine Freundin und ich unseren ganzen Mut zusammen und suchten ein klärendes Gespräch, um unsere ehrliche Meinung vorzubringen. Das war nicht einfach, aber es stellte sich doch heraus, dass unsere Trainer die Situation einfach falsch eingeschätzt hatten. Einigen in der Gruppe passte unser Vorstoß zwar ganz und gar nicht. Dass sich etwas zum Positiven änderte, war uns aber in diesem Fall wichtiger.

Auch Erwachsene können oft nicht über ihren Schatten springen, wenn es darum geht, mutig aufzutreten. Ich beobachte das immer wieder in unserer Nachbarschaft. Seit Monaten ist die Stimmung im Wohnviertel nicht gut. In unserer Straße gibt es relativ viele kinderlose Paare, die in Häusern mit schönen, großen Gärten wohnen. Und dann gibt es noch unsere zwei Wohnblocks. Hier leben überwiegend Familien mit kleinen Kindern, denen kaum Spielflächen zur Verfügung stehen.

Der Gedanke, auf einer noch freien Wiesenfläche der Stadt einen kleinen Kinderspielplatz errichten zu dürfen, ist bei den wenigen Familien, die es betreffen würde, zwar allgegenwärtig, wurde aber lange nicht laut geäußert. Vor einigen Jahren haben wir schon einmal einen Vorstoß gewagt und um eine Dreißigerzone gebeten. Als ewig Fordernde, Nörgler und sogar „Unruhestifter" bezeichnet, wurden dann alle rasch zum Verstummen gebracht.

Dieses Mal soll das aber anders verlaufen. Es war für alle nicht leicht, kostete Überwindung und Mut, aber ein Termin beim Bürgermeister ist nun vereinbart. Man ist jetzt fest entschlossen, ehrlich seine Meinung auf den Tisch zu bringen und dafür zu kämpfen. Auch auf die Gefahr hin, sich unbeliebt zu machen, werden die betroffenen Familien nun alle gemeinsam zum Wohl der Kinder das „Projekt Kinderspielplatz" in Angriff nehmen und es couragiert durchsetzen.

Abschlussprüfung 2011

Teil A: Rechtschreibung I

1. **Hinweis:** *Für jeden Fehler wird ein Punkt abgezogen. Für fehlende Satzzeichen, Umlaute und i-Punkte wird je ein halber Punkt abgezogen. Wiederholungsfehler werden nur einmal gewertet. Nach dem Diktieren überarbeitest du deinen Text mithilfe des Wörterbuchs. Wende dabei auch die gelernten Rechtschreibstrategien an.*

   Bayern fördert talentierte Sportler
   Bayern investiert / viel in die Förderung des Breitensports. / Perfekte Sportler werden nicht geboren, / sie müssen zunächst einmal ausgebildet werden. / Die Grundlagen hierfür vermittelt der Sportunterricht. / Schule und Verein arbeiten dabei eng zusammen. / In mehr als 70 Sportarten bieten qualifizierte Übungsleiter / am Nachmittag Sportarbeitsgemeinschaften an. / Die Schüler, die in ihrer Freizeit / kostenlos und freiwillig / das Training in Leichtathletik besuchen / oder Fußball spielen, / werden so an eine Sportart im Verein herangeführt. *(73 Wörter)*

Teil A: Rechtschreibung II

2. **Hinweis:** *Für jede sinngemäß richtige Lösung gibt es einen Punkt.*
   Zunächst musst du eine Strategie nennen, mit der Nomen erkannt werden können. Die Endungen „-ung", „-heit" oder „-keit" signalisieren dir, dass es sich bei einem Wort um ein Nomen handelt. Zusätzlich kannst du prüfen, ob du einen passenden Artikel vor das Wort setzen kannst („die Förderung" – „die Möglichkeit").
   Im zweiten Fall musst du überprüfen, ob der Vokal vor dem Konsonanten kurz oder lang gesprochen wird. Nach einem kurz gesprochenen Vokal wird der folgende Konsonant verdoppelt („mm", „ll").

Beispielwort	Lösungsstrategie
Förderung, Möglichkeit	• Wortendung (-heit, -keit, -ung) *oder* • Artikelprobe
zusa**mm**en, frei**ll**ig	Doppelkonsonant nach kurz gesprochenem Vokal

3. ✏ **Hinweis:** Handelt es sich um einen Artikel oder ein Pronomen (Demonstrativ- oder Relativpronomen), schreibst du „das". Ansonsten setzt du die Konjunktion „dass" ein.
Jede richtige Lösung ergibt einen halben Punkt.

Für Thomas Müller und Ilkay Gündogan ist der Traum vom Profifußballer in Erfüllung gegangen. „Ich habe schon immer Fußball gespielt, aber **dass** ich Fußballer werde, **das** war nur so ein Kindertraum", erinnert sich Gündogan. Der Moment, in dem sich herauskristallisiert hat, **dass** er Profi wird, ist für ihn schwer zu beschreiben: „So etwas ist natürlich pure Freude und viel Glück, **das** sich nicht erzwingen lässt."

4. ✏ **Hinweis:** Es handelt sich um einfache mehrsilbige Wörter. Trenne sie so, wie sie sich in Silben zerlegen lassen, wenn du sie dir langsam vorliest.
Jede richtige Lösung ergibt einen halben Punkt.

a) Leis – tungs – sport
b) För – der – maß – nah – men
c) fuß – ball – spe – zi – fisch
d) Durch – set – zungs – ver – mö – gen

5. ✏ **Hinweis:** Korrigiere den Text mithilfe der gelernten Rechtschreibstrategien. Wenn du dir bei der Schreibung einzelner Wörter unsicher bist, schlage sie im Wörterbuch nach.
Jedes richtige Wort wird mit einem halben Punkt bewertet. Werden mehr als vier Wörter notiert, wird für jede falsche Lösung ein halber Punkt abgezogen.

a) Kontakt   b) versäumt
c) Bedarf   d) fordern

Teil B: Text 1

1. ✏ **Hinweis:** Du musst den Text sehr aufmerksam lesen, um den Inhalt in nur wenigen Sätzen wiedergeben zu können. Orientiere dich an den Abschnitten und markiere Stellen, an denen ein neuer Gedanke beginnt. Fasse dann die Schlüsselstellen zusammen und schreibe sie auf. Pass auf, dass du dich dabei nicht in Details verlierst. Schreibe im Präsens.

Im vorliegenden Auszug aus dem Jugendroman „Und was mach ich? oder der Traum vom Fliegen" von Gudrun Pausewang schildert die 13-jährige Nele eine Auseinandersetzung zwischen ihrem 16-jährigen Bruder Sascha und ihren Eltern. Die Situation erzählt sie nicht unparteiisch, sondern mit einer gewissen Bewunderung für ihren Bruder.
Neles Bruder Sascha ist Auszubildender in einem Friseursalon. Der Umstand, dass Sascha ausgerechnet als angehender Friseur seine Haare un-

kontrolliert wachsen lässt und diese auch sonst nicht pflegt, ruft vor allem bei seinem Vater Unverständnis und Ärger hervor. Betont gelassen, träge und mit einsilbigen Antworten reagiert Sascha auf die kritischen Fragen und Belehrungen seiner Eltern und treibt damit die Wut seines Vaters auf die Spitze.

Auch als sich sein Chef bei den Eltern beschwert, wirkt Sascha unbeeindruckt von der großen Sorge seiner Eltern über die Reaktion seines Ausbilders. Er konfrontiert sie schließlich mit der „Offenbarung", dass er Jesus als Vorbild für seine Haarpracht gewählt habe. Auf diesen geschickten Schachzug haben seine Eltern keine Erwiderung parat.

2. **Hinweis:** *Bei dieser Aufgabenstellung sollst du den vorgegebenen Begriffen die passenden Fremdwörter aus dem Text zuordnen. Folgende Vorgehensweise führt zuverlässig zum Ziel: Lies den Text aufmerksam durch und markiere alle Fremdwörter. Dabei fallen dir vielleicht schon die ersten passenden Kombinationen ins Auge. Beim ersten Lesen könnte es aber durchaus sein, dass du einige gar nicht bemerkst, weil du sie durch den häufigen Gebrauch gar nicht mehr als Fremdwörter wahrnimmst. Wenn du unsicher bist oder die Bedeutung eines Fremdwortes nicht kennst, kann dir das Wörterbuch helfen.*

a) Gefühle, Gemütsbewegungen – Emotionen (Z. 46)
b) Begründung, Beweismittel – Argument (Z. 100)
c) vertreten, etwas darstellen – repräsentieren (Z. 55/56)
d) sich nach jemandem richten – sich orientieren (Z. 99)

3. **Hinweis:** *Mit sprachlichen Bildern lassen sich Aussagen besonders anschaulich für den Leser machen. Dabei steht der wörtlichen immer auch eine übertragene Bedeutung gegenüber, die du aus dem Textzusammenhang heraus beschreiben sollst. Die wörtliche Bedeutung ist nicht schwer zu erfassen. Den übertragenen Sinn findest du am ehesten, wenn du dich in die im Text beschriebenen Situationen gedanklich hineinversetzt. Lies dabei immer wieder im Text nach.*

a) Wenn eine Glut besonders heiß ist, dann wirkt sie fast weiß. Wer im übertragenen Sinn zur Weißglut gebracht wird, ist über etwas sehr wütend. Die Wut steigert sich schließlich bis zur „Weißglut". Sascha schafft es in der Auseinandersetzung mit seinen Eltern, dass sich vor allem sein Vater immer mehr aufregt. Anfangs wird dieser nur laut. Durch seine provozierende Teilnahmslosigkeit aber bringt ihn sein Sohn schließlich so weit, dass er sogar mit der Faust auf den Tisch schlägt und schreit. Sascha hat die Wut seines Vaters immer weiter gesteigert und damit seinen Vater in „Weißglut" versetzt.

b) Ist etwas schwer zu kontrollieren, kann man es schlecht „in den Griff kriegen". Das können im wörtlichen Sinn Gegenstände, im übertragenen Sinn aber auch Gefühle sein. So ergeht es Saschas Vater in der Geschichte. Sascha macht ihn wütend und strapaziert seine Nerven. Er versucht, seine Emotionen „in den Griff zu kriegen", damit er nicht die Kontrolle verliert und etwas tut, was er danach bereuen könnte.

c) Wenn man sich jemanden „vorknöpft", versucht man, demjenigen nachdrücklich klarzumachen, dass er sich in etwas irrt. Dem Treiben ihres Sohnes, sich nicht um seine Haare zu kümmern, haben die Eltern eine gewisse Zeit lang zugesehen, durch gutes Zureden haben sie ihn auch umzustimmen versucht. Nachdem Saschas Ausbilder die Eltern darum bittet, ihren Sohn zur Vernunft zu bringen (vgl. Z. 73/74), wird Sascha unmissverständlich gesagt, dass es so nicht weitergehen könne. Das Gespräch verläuft nicht mehr ruhig, sondern laut, im Befehlston und mit großem Druck. Vor allem der Vater hat sich Sascha „vorgeknöpft".

4. *Hinweis: Die zunehmende Verärgerung des Vaters ist im Text sehr anschaulich beschrieben. Dabei geht es letztlich nicht so sehr darum, was er sagt, sondern vielmehr ist entscheidend, wie er es sagt, wie sich seine Stimme und sein Gesichtsausdruck verändern, was er dabei tut. Wenn du jetzt aufmerksam liest, fallen dir diese geforderten vier Textstellen rasch ins Auge. Beachte auch, dass die zu betrachtende Textpassage durch die Zeilenangabe bereits vorgegeben ist.*

Mögliche Textstellen:
- „Vati holte tief Luft und sagte ruhig: ‚Deine Mutter hat etwas zu dir gesagt. Willst du ihr nicht antworten?'" (Z. 21–24)
- „‚Und?', rief Vati. Seine Erregung war nicht mehr zu überhören." (Z. 35/36)
- „Vati versuchte, seine Emotionen in den Griff zu kriegen, wie Mutti das oft ausdrückt. Er lehnte sich zurück und starrte an die Decke, während er sprach." (Z. 46–49)
- „‚Verdammt noch mal!', schrie Vati und schlug mit der Faust auf den Tisch, dass das Geschirr tanzte." (Z. 63–65)

5. ✏ **Hinweis:** Suche zunächst die Stellen, aus denen hervorgeht, dass auch der Ausbilder mit Saschas Aussehen nicht einverstanden ist. Die Gründe dafür liefern dir die Karikatur (Abbildung 1) und der Auszug aus der Ausbildungsordnung für Friseure (Abbildung 2). Prüfe die Inhalte der Ausbildungsordnung und baue sie in deine Begründung mit ein. Überlege auch, was der Kunde in der Karikatur aus dem Aussehen des Angestellten ableitet. Beachte aber, dass eine Karikatur bewusst übertreibt und das Charakteristische an Personen und Vorgängen überzeichnet und verzerrt. Hinterfrage sie daher kritisch.

Sascha selbst bestätigt, dass sein Ausbilder, ebenso wie seine Mutter, seine Haarpflege als unmöglich ansieht. Mit der Aufforderung des Chefs an die Eltern, dass sie sich ihren Sohn „vorknöpfen" sollen, und der Aussage, dass Sascha seiner Pflicht als Auszubildender nachzukommen hat, bringt der Ausbilder unmissverständlich zum Ausdruck, dass er mit Saschas Aussehen nicht einverstanden ist.

Mit einem Blick auf die Ausbildungsordnung für Friseure ist diese Einstellung des Ausbilders leicht nachvollziehbar. In § 4 Nr. 5 ist die Rede vom Gesundheitsschutz und von den Anforderungen an die persönliche Hygiene des Auszubildenden, die es zu vermitteln gilt. Dass Sascha seine eigenen Haare waschen und entsprechend pflegen soll, wird damit Teil der Ausbildung und ist nicht mehr nur seine Privatangelegenheit.

Die Kunden dürfen auch vom Auszubildenden erwarten, dass sie fachmännisch beraten werden. Kundenberatung und -betreuung ist unter § 4 Nr. 7 als weiterer wesentlicher Punkt in der Ausbildungsordnung beschrieben. Diese Beratung kann jedoch nur dann überzeugend geleistet werden, wenn beim Auszubildenden selbst ein entsprechendes Bewusstsein für Hygiene und Pflege vorhanden ist. Der Ausbilder ist dafür verantwortlich, dass sein Auszubildender die Ziele der Ausbildungsordnung selbstständig und selbstkritisch umsetzt.

Über die Forderungen der Ausbildungsordnung hinaus bewegt Saschas Chef auch ein Umstand, der in der vorliegenden Karikatur sehr gut zum Ausdruck kommt: Wie fühlt sich ein Kunde, wenn ihm ein angehender Friseur gegenübertritt, der seine eigenen Haare nicht anständig frisiert? Dass der Kunde sicherheitshalber vorher den Chef sprechen möchte, ist nur verständlich. Wie soll jemand, der seine eigenen Haare nicht ordentlich pflegen kann, dies bei einem anderen in akzeptabler Weise schaffen? Der Chef fürchtet unter diesen Umständen natürlich um den guten Ruf seines Salons. Er muss darauf achten, dass Sascha durch sein eigenes gepflegtes Aussehen und sein Auftreten den Beruf des Friseurs „repräsentiert", wie der Vater es nennt.

Da eine Karikatur aber bekannterweise überzeichnet, bringt sie noch einen anderen Aspekt zum Ausdruck: Gutes Aussehen allein ist keine Garantie für gute Arbeit. Sascha kann, trotz seiner wüsten Haarpracht, sein Handwerk als angehender Friseur bestens verstehen. Man sollte also nicht rein nach dem äußeren Erscheinungsbild auf die Leistung schließen.

6. *Hinweis:* Zwar erzählt Nele die Geschichte nicht als Betroffene, aber als Saschas Schwester hat sie einen persönlichen Bezug zum gesamten Geschehen in der Familie. Um erklären zu können, wie sie zum Konflikt zwischen ihrem Vater und ihrem Bruder steht, musst du den Text aufmerksam durchgehen. An mehreren Stellen stößt du auf Aussagen, die deutlich ihre eigene Meinung und ihr Empfinden in dieser Angelegenheit widerspiegeln. Ihre Haltung gibst du dann in eigenen Sätzen wieder.

Nele ist als Erzählerin nicht unbeteiligt, sondern ergreift Partei für ihren Bruder. Gleich zu Beginn der Geschichte äußert sie Verständnis für die Wut ihres Bruders auf den Vater, obwohl sie erkannt hat, dass Saschas Frisur und Aussehen gewöhnungsbedürftig sind. Mitleid mit den relativ hilflosen Eltern, insbesondere mit ihrem Vater, ist dabei nicht auszumachen. Wie er sich aufregt, beschreibt sie eher belustigt, wenn sie z. B. sagt, dass er gleich „explodieren" wird (vgl. Z. 59/60). Dass diese Aufregung ihrem Vater auch schaden könnte, kümmert sie anscheinend wenig. Das schlichte, aber folgenreiche „Aha" ihres Bruders löst bei Nele dagegen einen regelrechten Freudensturm aus. Offensichtlich steht es auch bei Nele nicht gerade zum Besten mit dem Verhältnis zu ihrem Vater.

7. *Hinweis:* Wie sich der Dialog weiterentwickeln soll, ist zwar deiner Fantasie überlassen, dennoch solltest du dich am Gesamtverlauf der Geschichte orientieren. Versetze dich noch einmal in die Denkweise von Vater, Mutter und Sascha hinein und suche nach glaubwürdigen und nachvollziehbaren Gedanken, die dem gesamten Charakter des bisher Gesagten entsprechen. Achte auch darauf, dass du den gleichen Schreibstil und die Erzählperspektive beibehältst.

„Ach was!", rief plötzlich Mutti derart laut und heftig in die eingetretene Stille, dass selbst Vati zusammenzuckte. So kannten wir Mutti gar nicht. „Wenn du dich so an Jesus orientierst, wäre es nicht schlecht, wenn er dich auch mal wieder in der Kirche sehen würde! Dann wüsstest du auch, wie er aussieht!" Sie verschwand im Wohnzimmer. Die Stille hielt an. Sascha wirkte etwas unsicher und sah ihr hinterher.
Mit einem dicken Buch kehrte sie zurück, knallte es auf den Tisch, dass Vati und Sascha erschrocken zurückwichen, und präsentierte in Windes-

eile zahlreiche großformatige Bilder. Alle zeigten Abbildungen von Jesus. Mit ruhiger und ungewohnt bedrohlicher Stimme fragte sie: „Wie trägt dein Vorbild die Haare?" „Lang", antwortete Sascha trotzig. „Richtig!", rief Mutti so, dass wir wieder alle erschraken, „schulterlang, aber gleichmäßig und sichtbar gepflegt!" Zufrieden blickte Mutti auf Sascha, der ganz kleinlaut geworden war. „Weit hast du es mit deiner Orientierung an Jesus also noch nicht gebracht. Aber wie wir alle sehen, arbeitest du noch daran. Wirst ja nicht umsonst Friseur!" Sie klappte das Buch laut zu und verschwand wieder im Wohnzimmer.

Still war es. Sascha und selbst Vati sahen jetzt so aus, als ob sie eine schwere Rätselaufgabe zu lösen hätten. Vielleicht waren sie aber nur genauso beeindruckt wie ich. Was hatten wir doch für eine tolle Mutti!

8. *Hinweis: Bestimmt fallen dir bei dieser Aufgabe viele Beispiele ein, die du schon einmal gehört oder selbst erlebt hast. In welchen Situationen war es gut, dass deine Eltern ein Machtwort gesprochen haben? Bei welchen Gelegenheiten hast du erfolgreich deinen Standpunkt durchgesetzt? Beschreibe an jeweils zwei Beispielen diese Situationen.*

   a) Meine Mutter „schnüffelt" eigentlich nicht in unseren Zimmern herum, auch nicht im Schrank meiner 17-jährigen Schwester Elli. Aber beim Einräumen der gebügelten Wäsche fiel ihr auf, dass sich die Kleidungsstücke ihrer Tochter in immer kürzeren Zeitabständen auf wundersame Weise vermehrten. Umgekehrt schmolz ihr Erspartes und ihr Taschengeld, zu dem auch Oma jeden Monat etwas beisteuerte, schneller als Eiswürfel in der Limonade.
   Natürlich führten unsere Eltern intensive Gespräche mit Elli. Sie versuchten ihr klarzumachen, dass ihr das Geld, das sie jetzt so ungehemmt ausgab, bald beim Erwerb des Führerscheins fehlen würde. Daraufhin herrschte zwischen ihnen längere Zeit Funkstille, weil Elli sich unverstanden fühlte und uneinsichtig war.
   Als Ellis Taschengeld dann von meinen Eltern dramatisch gekürzt wurde und Oma ihren Anteil einstweilen für ihre Enkelin ansparen musste, verstand meine Schwester schnell, dass es so nicht weitergehen konnte. Natürlich rebellierte sie zuerst, aber bald verliefen die Gespräche zwischen ihr und meinen Eltern wieder recht harmonisch. Heute ist sie froh, dass meine Eltern eingegriffen haben und sie ihren Führerschein bezahlen konnte.

Auch bei meinem besten Freund Thomas habe ich erlebt, wie wichtig es manchmal ist, dass Eltern einen zur Vernunft bringen. Ausgerechnet ein Jahr vor dem Schulabschluss entdeckte er die große Freiheit. Seine ursprünglich guten Leistungen ließen zunehmend nach. Mit Kumpels, die es mit der Schule nie so genau genommen haben, verbrachte er viel zu viel Zeit in Discos und Kneipen, wodurch er dann in der Schule oft sehr müde und unkonzentriert war. Am Wochenende kam er fast gar nicht mehr nach Hause und seine Vision, dass er es auch ohne Schulabschluss zu etwas bringen würde, erschreckte seine Eltern ungemein. Als Thomas dann anfing, die Schule zu schwänzen, griffen sie ein. Sein Vater brachte ihn jeden Tag zur Schule und holte ihn auch wieder ab. Am Nachmittag musste Thomas unter Aufsicht seiner Mutter für den Abschluss lernen. Außerdem wurde sein Taschengeld gekürzt. So hatte er keine Zeit und kein Geld mehr für seine Vergnügungen. Er erzählte mir später, dass viele Gespräche nötig waren, oft eher heftige Auseinandersetzungen, bis die Einsicht in ihm reifte, dass der Abschluss entscheidend ist und sein Müßiggang nicht der richtige Weg sein konnte.

b) „Viele Wege führen zum Studium!" ist seit Jahren der deutliche Hinweis der Eltern meines besten Freundes Norbert. Wie sein weiterer Bildungsweg aussehen wird, ist damit schon festgelegt. Das bereitet ihm manch schlaflose Nacht, weil er sich mit der reinen Theorie noch nie richtig anfreunden konnte. Er ist vor allem an handwerklichen Dingen interessiert. Die von seinen Eltern aufgezeigten beruflichen Chancen und sehr guten Verdienstmöglichkeiten nach einem passenden Studium hingegen wecken nicht wirklich sein Interesse.
Nun ist es für ein harmonisches Familienleben zwar wichtig, dass man zu Kompromissen bereit ist, mit seinen Wünschen zurücksteht und auf die Interessen und Bitten des anderen, insbesondere der Eltern, achtet. Manchmal ist es aber auch wichtig, dass Jugendliche ihren Standpunkt gegenüber den Eltern durchsetzen.
Genau das tut Norbert gerade. Ihn fasziniert der Umgang mit Holz und er weiß, dass ihm das wirklich liegt. In der Zimmerei seines Onkels beweist er schon jetzt sein Geschick, wenn er in der freien Zeit helfen darf. In der Schule bringt er im arbeitspraktischen Unterricht Bestleistungen und die von ihm erstellten Holzarbeiten brachten ihm schon

mehrmals Preise bei Talentwettbewerben ein. Er ist fest entschlossen, den Weg zu gehen, der ihm wirklich liegt und der ihn zu seinem Traumberuf Schreiner führt. „Wer weiß", hat er seine Eltern beruhigt, „vielleicht beginne ich ja nach meiner Ausbildung noch ein Studium, das mich in meinem Beruf weiterbringt."

Als weiteres Beispiel dafür, dass Jugendliche manchmal ihren Eltern gegenüber auf ihrem Standpunkt beharren sollen, möchte ich die Urlaubsplanung mit meiner Familie anführen. Es war für mich immer ein Erlebnis der besonderen Art, den jährlichen Campingurlaub im Süden mit meinen Eltern und Geschwistern zu verbringen. Mit Zelt und Wohnwagen haben wir die halbe Mittelmeerküste erkundet und dabei immer sehr viel Spaß gehabt. Ich konnte mir nie andere Ferien vorstellen.

Doch mittlerweile belastet mich der Gedanke, dass wir demnächst im Familienrat den nächsten Campingurlaub planen werden. Meine Interessen haben sich in letzter Zeit gewandelt. Ich habe das meinen Eltern schon signalisiert, sie haben aber versucht, mir die Vorteile der gemeinsamen nächsten Unternehmung aufzuzeigen. Allerdings sind das eher die Interessen meiner Eltern, weniger meine eigenen. Es fällt mir schwer, meine Eltern zu enttäuschen, aber ich freue mich sehr auf gemeinsame Unternehmungen mit meinen Freunden in der Ferienzeit. Wir haben ein Zeltlager und Fahrradtouren geplant, möchten ein tolles Open-Air-Konzert besuchen und einfach Spaß haben. Es soll ein Urlaub werden, für dessen Planung ich selbst verantwortlich sein kann.

Meine Eltern sind nicht direkt dagegen, haben aber Bedenken, weil sie nicht in der Nähe sind und alle möglichen Gefahren sehen. Ich selbst bin aber fest entschlossen, nicht nachzugeben, halte auch mit überzeugenden Argumenten dagegen und möchte mir zum ersten Mal einen persönlichen Ferientraum erfüllen, der ein wenig anders ist als früher. Meinen Eltern werde ich beweisen, dass sie sich auf mich verlassen können und ich bei allen Unternehmungen vorsichtig sein werde. Sicher werden sie dann stolz auf meine Selbstständigkeit sein.

Teil B: Text 2

1. ✏ **Hinweis:** *Um die geforderten drei Kernaussagen zu finden, musst du den Text in Sinneinheiten gliedern. Lies dir den Text deshalb aufmerksam durch und markiere Schlüsselstellen, an denen ein neuer Gedanke beginnt. Jetzt hast du einen guten Überblick über die verschiedenen Inhaltsbereiche des Textes bekommen. Formuliere nun die drei Kernaussagen. Um nicht in unwesentliche Einzelheiten abzudriften, solltest du immer wieder größere Textabschnitte wiederholend lesen.*

   Im Text „Faszination Castingshow" lassen sich inhaltlich drei große Schwerpunkte ausmachen:
   Zunächst wird die Frage beantwortet, warum solche Unterhaltungssendungen, die sich stets wiederholen, immer wieder Millionen Zuschauer in ihren Bann ziehen können. Experten liefern zahlreiche überzeugende Antworten. Zuschauer können sich mit den Kandidaten freuen und eifern bei ihren Auftritten mit. Sie bauen eine Beziehung zu den Kandidaten auf und sehen sie als Vorbilder. Zudem werden die Zuschauer angeregt, eigene Talente zu entdecken.
   Darüber hinaus geht es um die Frage, warum sich Zehntausende für jede neue Staffel bewerben. Die Aussicht auf Reichtum, auf Verehrung durch die Fans und darauf, stets im Mittelpunkt zu stehen und bewundert zu werden, ist als Grund leicht nachvollziehbar.
   Zuletzt wird deutlich gemacht, dass Castingshows auch zahlreiche negative Seiten haben. Experten kritisieren vor allem das peinliche Vorführen von Menschen, die ihre Talente überschätzen. Sich nicht erfüllende Wunschvorstellungen vom großen Erfolg, der gnadenlos harte und zermürbende Arbeitsalltag bei denen, die es geschafft haben, und das abrupte Fallenlassen von Kandidaten bei Misserfolgen bleiben dem Zuschauer meist verborgen.

2. ✏ **Hinweis:** *Finde die Textstelle, in der Aussagen über die Studie von Maya Götz gemacht werden. Markiere die Ergebnisse dieser Studie und nummeriere sie am Rand. Schreibe dann vier der Gründe, eine Castingshow anzusehen, in Stichworten heraus.*

   - Freude darüber, dass der eigene Favorit seine Sache gut gemacht hat
   - überprüfen, ob die eigene Einschätzung der Kandidaten richtig war
   - jeweils zuletzt gesehene Sendung als Gesprächsthema für die Unterhaltung mit Freunden
   - Kandidaten als Vorbilder, die sich in ähnlicher Lebenssituation befinden

3. ✏ **Hinweis:** Um die passenden Fremdwörter zu finden, musst du den Text aufmerksam durchlesen. Markiere dabei alle Fremdwörter. Vielleicht ergeben sich dabei schon die ersten passenden Kombinationen. Beim ersten Lesen könnte es aber durchaus passieren, dass du einige Wörter nicht bemerkst, weil du sie durch den häufigen Gebrauch nicht mehr als Fremdwörter wahrnimmst. Lies dann noch einmal konzentriert den Text. Wenn du die Bedeutung eines Fremdwortes nicht kennst, hilft dir dein Wörterbuch. Denke daran, dass auch die Überschrift zum Text gehört.

a) fesselnde Wirkung, Anziehungskraft – Faszination (Überschrift)
b) überliefert, herkömmlich – traditionell (Z. 56)
c) voraussichtlicher Sieger – Favorit (Z. 39)
d) Begabung, Fähigkeit – Talent (Z. 72)

4. ✏ **Hinweis:** Sprachliche Bilder sollen bestimmte Aussagen für den Leser besonders anschaulich machen. Deswegen haben sie neben der wörtlichen Bedeutung auch einen übertragenen Sinn, den du erklären sollst. Überlege zunächst, was die Formulierungen „mit jemandem mitfiebern" und „auf der Strecke bleiben" im wörtlichen Sinn bedeuten. Dann denkst du darüber nach, was damit an den entsprechenden Stellen im Text ausgedrückt werden soll. Das ist die übertragene Bedeutung, die du schließlich mit je einem eigenen Beispiel verbindest.

- Wenn man mit jemandem „mitfiebert", denkt, fühlt und leidet man genauso wie der andere, obwohl es einen selbst gar nicht betrifft. Als meine Schwester ihre Führerscheinprüfung hatte, war ich mindestens genauso aufgeregt wie sie selbst. Ich konnte an gar nichts anderes mehr denken und die Zeit bis zur Rückkehr von ihrer Prüfungsfahrt kam mir endlos vor. Im Geiste stellte ich mir all die Probleme vor, die auftauchen konnten, und hoffte, dass sie ja richtig darauf reagieren würde. So „fieberte" ich mit ihr mit, bis die Prüfung schließlich vorbei war – prima bestanden übrigens.

- Wer im wörtlichen Sinn auf der Strecke bleibt, kommt nicht mehr von der Stelle, wie etwa mein Vater, dem auf der Autobahn das Benzin ausging. Im übertragenen Sinn kommt man bei einer Sache nicht mehr mit und hat im Vergleich zu anderen nicht die gleichen Erfolge. So erging es meinem Onkel. Die Firma, in der er beschäftigt war, musste Konkurs anmelden. Sie bot ihren Mitarbeitern aber frühzeitig eine Vermittlungshilfe an, damit diese leichter bei anderen Arbeitgebern unterkommen konnten. Diese Chance nutzte mein Onkel aber nicht, gerade so, als ob er gar nicht von der baldigen Schließung betroffen wäre. Als diese dann kam, hatten fast alle seine Kollegen eine neue Arbeitsstelle gefunden, er nicht. Er war zuerst arbeitslos und musste schließlich einen Job annehmen, der für ihn einen beruflichen Abstieg bedeutete. Er ist gegenüber seinen ehemaligen Kollegen „auf der Strecke geblieben".

5. **Hinweis:** Den zentralen Kritikpunkt zu finden ist nicht schwer, weil im Text genau mit diesen Worten darauf hingewiesen wird. Du musst also nur aufmerksam lesen. Die Aussage anschließend zu erläutern setzt voraus, dass du einige Begriffe verstehst, die in der Aussage vorkommen. Aus dem Textzusammenhang lassen sie sich aber gut nachvollziehen. Wichtig ist, dass du mit eigenen Worten erklärst.

a) „Ihr zentraler Kritikpunkt an diesen TV-Formaten ist jedoch ein anderer: ‚Die Ausbeutung derer, die unfreiwillig peinlich sind und vorgeführt werden, ist moralisch absolut verwerflich.'" (Z. 90–94)

b) Castingshows bieten Menschen mit unterschiedlichsten Talenten eine Möglichkeit, sich zu präsentieren. Dabei kommt es vor, dass sich Kandidaten vollkommen falsch einschätzen. Aufgrund ihres Aussehens oder der Art und Weise, wie sie sich bewegen, sprechen oder zu singen versuchen, ernten sie abwertende Kommentare, werden bedauert oder gar verspottet. Von Anfang an steht dabei fest, dass sie keine Chance auf Erfolg in dieser Show haben können. Diese Kandidaten werden auf dem Weg bis zu ihrem „großen" Auftritt von den Verantwortlichen aber nicht ehrlich beraten, sondern bewusst auf die Bühne geschickt, um einen zweifelhaften „Show-Effekt" zu erreichen. Hier wird die Würde von Menschen, die sich selbst aus unterschiedlichsten Gründen falsch einschätzen, mit Füßen getreten. Sie werden in ihrer Hilflosigkeit benutzt, um Umsätze zu steigern.

6. **Hinweis:** Im ersten Teil der Aufgabe setzt du dich mit dem Schaubild (Abbildung 1), einem Säulendiagramm, auseinander. Bevor du Erkenntnisse formulierst, musst du die verschiedenen Altersgruppen genau miteinander vergleichen: Wo liegen die beiden Altersgruppen weit auseinander? Bei welchen Vorbildern sind die Werte ähnlich? Erst wenn du die Zusammenhänge richtig erkannt hast, formulierst du dazu zwei Aussagen.
Im zweiten Teil wählst du ein Vorbild aus, das deiner Meinung nach eine positive Auswirkung auf Jugendliche hat. Denke an verschiedene Lebensbereiche wie Beruf, Freizeit oder Zukunftsgestaltung und wähle dann ein passendes Vorbild aus, an dem du dich auch selbst orientieren würdest.

a) Die Darstellung einer Umfrage zum Thema „Vorbild" unter Kindern und Jugendlichen zeigt überraschenderweise, dass sich Jugendliche zwischen 14 und 21 Jahren sehr an der Familie als Vorbild orientieren. Das können sowohl der Vater, die Mutter oder die Geschwister als

auch andere Familienmitglieder sein. Kinder zwischen 7 und 13 Jahren dagegen sehen eher ihre Freunde als Vorbilder.
Beide Gruppen der Befragten geben in etwa gleicher Höhe an, dass sie Vorbilder vor allem im Alltag treffen, z. B. Lehrer, Trainer, Freunde ihrer Eltern oder andere Menschen aus ihrem Umfeld.

b) Neben den Vorbildern aus dem alltäglichen Umfeld geben viele Jugendliche auch Sportler als ihr Vorbild an. Das verwundert nicht, denn gerade Sportler haben eine sehr positive Vorbildfunktion. Ich selbst bin gerade dabei, mich auf meinen ersten Schwimmwettkampf vorzubereiten. Die Jugendlichen, die aktiv in meinem Verein schwimmen, orientieren sich sehr genau am Trainingsverhalten ihrer Vorbilder. Für mich ist das vor allem Philipp aus meiner Trainingsgruppe, der bereits zahlreiche Wettkämpfe gewonnen hat. Pflichtbewusstsein, Zuverlässigkeit und Disziplin sind dabei Eigenschaften, die für den Erfolg notwendig sind. Ganz selbstverständlich richten auch die anderen Wettkampfschwimmer und ich uns daran aus.
Wir achten auch darauf, wie sich unsere Vorbilder ihre Zeit einteilen. Das gesamte Freizeitverhalten verändert sich allmählich. Ich habe gelernt, meine Zeit sinnvoll zu planen und optimal für das Training und die übrige Freizeitgestaltung zu nutzen. Es ist erstaunlich, dass trotz des hohen Trainingspensums die schulische Arbeit kaum darunter leidet. Aber ich muss natürlich noch lernen, viel konzentrierter zu arbeiten.
Bestimmt werde ich bei Wettkämpfen Frustrationen erleben. Das habe ich auch bei meinem Vorbild Philipp miterlebt. Ich fand es bewundernswert, wie er mit seiner letzten Niederlage umgegangen ist. Von ihm habe ich gelernt, dass das dazugehört und man den Blick wieder rasch nach vorne richten muss.
Ein weiteres wichtiges Vorbild im Sport ist für mich unser Trainer Jürgen. Er war mehrmals unter den besten Fünf bei den deutschen Meisterschaften. Besonders beeindruckend finde ich seine gesunde Lebensweise. Alkohol und Nikotin sind für ihn tabu, von anderen Drogen ganz zu schweigen. Seine Ernährung ist ausgewogen und er hat zum Ausgleich noch andere Hobbys. Das spricht viele von uns Jugendlichen im Verein an, weil wir wissen, dass dieser gesundheitsbewusste

und sorgsame Umgang mit sich selbst auch eine wesentliche Garantie für die Leistung ist, die wir in unserem Sport erbringen wollen.

Schließlich ist es auch der Teamgeist meiner Vorbilder, der einfach ansteckt und die Gemeinschaft in meiner eigenen Gruppe stärkt. Es macht immer wieder Freude zu sehen, wie fair alle miteinander umgehen, die Leistung des jeweils anderen anerkennen, sich gegenseitig anspornen und vor allem auch aufbauen, wenn jemand vielleicht eine Niederlage erlitten hat.

Auch wenn ich mittlerweile im Schwimmen meinen persönlichen Stil gefunden habe, bleiben meine positiven Vorbilder ständige Begleiter.

7. **Hinweis:** *Eine Karikatur übertreibt bewusst. Sie verzerrt und überzeichnet das Charakteristische an Personen und Vorgängen. Diese Widersprüche zur Realität musst du erkennen. Erläutere kritisch den Widerspruch zwischen der Grundaussage der Karikatur und deinen Erfahrungen in der Realität. Beziehe dann Stellung zu den unterschiedlichen Sichtweisen. Erstelle zunächst eine Gliederung, um deine Gedanken und Argumente zu ordnen. Verfasse dann die Stellungnahme. Achte bezüglich des Umfangs deiner Ausführungen auf die relativ hohe Punktzahl.*

Man ist dazu geneigt, dem Selbstbekenntnis der jungen Dame in der vorliegenden Karikatur „Ich bin schön, also bin ich wer" zuzustimmen. Oft möchte man glauben, dass Schönheit der Schlüssel zum Erfolg im Beruf und in der Partnerschaft ist und damit zu einem unbeschwerten Leben führt.	**Einleitung** *Schönheit als scheinbare Voraussetzung für Erfolg*
Schönheit ist in unserer Gesellschaft zu einem erstrebenswerten Lebensziel geworden. Mit Entbehrungen und unter immenser Anstrengung versuchen viele, einem Schönheitsideal nahezukommen, das uns durch sämtliche Medien vor Augen gehalten wird. Von Werbeplakaten und in Modekatalogen lachen uns Models an, die genau dieses Ziel bereits erreicht haben.	**Hauptteil** *1. Schönheitsideale in unserer Gesellschaft* *Schönheit in Werbung und Film*
Diejenigen, die Castingshows erfolgreich durchlaufen haben oder auf andere Weise „entdeckt" worden sind, führen uns später in Werbefilmen und auf Laufstegen vor, dass man es durch Schönheit zu etwas bringen kann. Wenn die „Stars und Sternchen" dann mit ihrem beneidenswerten Aussehen bei einem Filmfestival über den roten Teppich marschieren, wird rasch klar,	*Schönheit und Erfolg*

dass hier nur makellose Gesichter und Körper eine wirkliche Chance auf Erfolg haben.

Auch im Freundeskreis kann das manchmal gelten. Da kann es vorkommen, dass man wegen seines Aussehens gehänselt oder gar gemobbt wird. Von der Einsicht, dass Schönheit und tolles Styling nicht so wichtig sind wie gute Freundschaften, ist man oft weit entfernt. *2. Schönheit und Erfolg im Alltag*

Die Aussage der jungen Frau aus der Karikatur ist jedoch sehr einseitig, weil Schönheit gar nicht eindeutig definiert werden kann. Was der eine als makellos und schön empfindet, ist für einen anderen langweilig oder gar abschreckend. Was in unserem Land als schön gilt, stößt in einem anderen vielleicht auf Unverständnis.

Ebenmäßige Gesichtszüge und eine gute Figur garantieren noch lange keine guten Leistungen. In der Schule sind z. B. Ausdauer, Lerneifer und das Hinarbeiten auf ein Ziel, nämlich einen guten Abschluss zu erreichen, gefragt. Hier geht es um die Zukunft, die wichtiger ist als vergängliche Schönheit. *in der Schule*

Um in einem gutbezahlten und interessanten Beruf zu arbeiten, kommt es auch nicht bloß auf Schönheit an. Idealmaße, ein schönes Gesicht und eine schicke Frisur können wichtige Grundvoraussetzungen nicht ersetzen. Handwerkliche Fertigkeiten, die Fähigkeit, mit anderen in einem Team zu arbeiten, oder die Freude an der Arbeit werden nicht durch gutes Aussehen bedingt. Was nützt die Schönheit, wenn man als Verkäufer zwar gut aussieht, die Kundschaft aber falsch berät, weil man kein Gespür für deren Bedürfnisse hat? *am Arbeitsplatz*

Auch für einen angenehmen, menschlichen Umgang miteinander ist kein Bodybuilding- oder Schönheitswettbewerb nötig. Sich gegenseitig zu helfen und aufeinander zuzugehen, sind Eigenschaften, die wirklichen Erfolg oder, besser gesagt, menschlichen Gewinn bedeuten. Sie schaffen ein Klima, in dem sich jeder wohlfühlen und so sein kann, wie er eben ist. *in der Gesellschaft*

Schönheit schützt auch nicht vor Krankheit. Wenn jemand schwer krank wird, verliert jegliches Schönheitsideal an Bedeutung. Spätestens dann wird klar, wie wenig einem das Streben nach perfektem Aussehen und makelloser Schönheit nützt. Stattdessen gewinnen andere Lebensinhalte an Bedeutung: Dann ist wichtig, keine Schmerzen mehr zu haben, nachts schlafen oder sich auf fremde Hilfe verlassen zu können.

in schwierigen Situationen

Auf seinen Körper zu achten, ihn durch Sport fit zu halten, das Gesicht zu schminken und die Haare zu stylen, das alles ist völlig in Ordnung. Sich zu pflegen und zurechtzumachen ist in einem gesunden Rahmen normal und sogar wichtig für die körperliche Gesundheit. Im alltäglichen Umgang miteinander, sei es in der Schule, im Beruf oder in der Freizeit, bringt ein gepflegter Körper Wohlbefinden und bereichert den Umgang miteinander.

3. Schönheit und Wohlbefinden

Letztlich bestimmt aber unser Charakter, nicht unser Aussehen, wie erfolgreich wir sind. Entscheidend ist, wie wir mit unseren Mitmenschen umgehen, wie viel Verständnis und Gespür wir für den anderen haben, wie viel Zeit und Hilfsbereitschaft wir aufbringen und wie wir mit uns selbst umgehen. Das alles ist die Schönheit, die von „innen" kommt, die unvergänglich ist und die mich zu einer Persönlichkeit macht. Erst dann „bin ich wer".

Schluss
„innere Schönheit" und Erfolg

Abschlussprüfung 2012

Teil A: Rechtschreibung I

Hinweis: Nach dem Diktieren überarbeitest du deinen Text mithilfe der gelernten Rechtschreibstrategien. Verwende auch ein Wörterbuch.
Für fehlende Satzzeichen, Umlautzeichen und i-Punkte wird je ein halber Punkt abgezogen. Falsche, fehlende oder nicht eindeutig lesbare Wörter sowie Trennungsfehler gelten als ganze Fehler. Wiederholungsfehler und mehrere Fehler in einem Wort werden nur einfach gewertet.

Benimm ist in

Die Deutschen legen großen Wert / auf einwandfreies Benehmen. / So zeigen Umfragen, / dass fast alle Bundesbürger / angemessene Umgangsformen für wichtig halten. / In der Tat sind gepflegte Manieren unverzichtbar, / um ein glückliches, konfliktfreies Leben / in der Gemeinschaft führen zu können. / Denn Höflichkeit im Umgang mit den Mitmenschen / regelt das Miteinander in unserer Gesellschaft. / Zwar gehen die Ansichten darüber auseinander, / was gute Etikette ist, / aber über grundsätzliche Verhaltensregeln / sind sich alle einig. *(72 Wörter)*

Nach: Schule & Wir 1/11

Teil A: Rechtschreibung II

1. *Hinweis:* Beim ersten Beispielwort handelt es sich um eine Nominalisierung. Das heißt, das Verb „auftreten" wird hier als Nomen verwendet und deshalb großgeschrieben. Die Artikelprobe hilft dir, die Nominalisierung zu erkennen (<u>das</u> Auftreten). Beim zweiten Beispielwort musst du verwandte Wörter suchen, denn nach dem sogenannten Stammprinzip schreibt man verwandte Wörter immer gleich – das bedeutet hier: aus a wird ä, aber nicht e (l<u>au</u>t → erl<u>äu</u>tern).
Für das richtig gesetzte Kreuzchen erhältst du jeweils einen halben Punkt. Bei mehreren angekreuzten Lösungen pro Teilaufgabe werden null Punkte vergeben.

Beispielwörter	Rechtschreibstrategie
gutes Auftreten	☐ ein verwandtes Wort suchen
	☒ Artikelprobe durchführen
	☐ das Wort steigern
	☐ den Plural bilden

Beispielwörter	Rechtschreibstrategie
erläutern	☐ auf die Endung achten ☐ Vergangenheit bilden ☒ ein verwandtes Wort suchen ☐ Grundform bilden

2. **Hinweis:** Der Ratschlag des Erziehungsexperten wird in wörtlicher Rede wiedergegeben. Deshalb folgt nach dem ersten Satz ein Doppelpunkt. Die nachfolgenden Redesätze stehen in Anführungszeichen. Nebensätze werden mit Kommas voneinander getrennt, ebenso die beiden Aufzählungen im Mittelteil.
Für jedes richtig gesetzte Satzzeichen wird ein halber Punkt vergeben. Werden mehr als sechs Satzzeichen gesetzt, wird für jedes überzählige ein halber Punkt abgezogen.

Der Erziehungsexperte Dr. Gerhard rät: „Alle an der Erziehung Beteiligten sind Vorbilder und müssen an einem Strang ziehen. Es nutzt nichts, wenn die Mama verlangt, dass die Kinder bei Tisch nicht telefonieren, SMS schreiben und Musik hören, während der Papa sein Smartphone auch beim Essen nicht ausschaltet."

3. **Hinweis:** Korrigiere den Text mithilfe der gelernten Rechtschreibstrategien. Wenn du dir bei der Schreibung einzelner Wörter trotzdem unsicher bist, schlage sie im Wörterbuch nach. Jedes richtige Wort wird mit einem halben Punkt bewertet. Werden mehr als vier Wörter notiert, wird für jede falsche Lösung ein halber Punkt abgezogen.

a) Kollegen
b) Vorgesetzten
c) außen
d) repräsentieren

4. **Hinweis:** Wenn du den Satz langsam liest, erkennst du die bekannten Wörter. Setze nach jedem einen Schrägstrich in die Buchstabenschlange, so kannst du anschließend den Satz noch einmal lesen. Wende die gelernten Rechtschreibstrategien zur Groß- und Kleinschreibung an, um die Wörter richtig zu schreiben. Auch fehlende Kommas musst du eintragen. Haupt- und Nebensatz werden durch ein Komma abgetrennt.
Für jeden Fehler (dazu zählen auch Abschreibfehler) wird dir ein Punkt abgezogen. Für fehlende Satzzeichen, Umlautzeichen und i-Punkte wird je ein halber Punkt abgezogen.

Einige Arbeitgeber gestalten das Vorstellungsgespräch in Form eines gemeinsamen Essens, bei dem sie die Tischmanieren der Kandidaten kritisch betrachten.

Teil B: Text 1

1. ✏ **Hinweis:** Lies den Text zunächst aufmerksam durch. Unterteile ihn dann in Sinnabschnitte und markiere wichtige Aussagen. Jeder Sinnabschnitt beinhaltet einen neuen Gedanken. Meist fängt ein neuer Textabschnitt auch mit einem neuen Gedanken an. Beginne deine Inhaltszusammenfassung mit einem einleitenden Satz, in dem du Textsorte, Titel und Autor nennst und sagst, worum es im gesamten Text geht. Lies dann jeden Sinnabschnitt wiederholend durch und fasse ihn zusammen. Beschränke dich dabei auf das Wesentliche und verliere dich nicht in Einzelheiten. Formuliere im Präsens.

In der vorliegenden Erzählung „Dschungelkind" von Sabine Kuegler gibt die Autorin einen kurzen Einblick in ihr Leben in zwei verschiedenen „Welten": in ihre Kindheit im Dschungel von Papua Neuguinea und in das Leben in Deutschland.

Sie beschreibt zum einen ihre Eindrücke und Gefühle in einer lauten Welt voller Hektik und sich ständig wiederholender, starrer Abläufe. In dieser modernen Gesellschaft fühlt sie sich trotz der vielen Annehmlichkeiten und der sie ständig umgebenden Menschen einsam. Zum anderen denkt sie zurück an ihre Kindheit, die sie größtenteils im Dschungel verbrachte, an die Geborgenheit und das Glück im Stamm der Fayu, der wie eine große Familie für sie war. Sie erzählt einige Beispiele aus dem Dschungelleben und bringt so für den Leser ihre Sehnsucht nach diesem Leben und den Freunden im Dschungel spürbar zum Ausdruck. Ihr Fazit lautet, dass es im Dschungel zwar körperlich anstrengender, doch seelisch wesentlich leichter war.

2. ✏ **Hinweis zu a:** Hast und Hektik erlebst sicher auch du im alltäglichen Leben und die Gründe dafür sind dir bestimmt bekannt. Im Text begegnest du ihnen wieder und sie werden dir deshalb auch schnell auffallen. Es finden sich mehr Ursachen, als in der Aufgabenstellung gefordert sind, wähle vier aus. Achte darauf, dass du sie stichpunktartig wiedergibst.
Zu b: Mit einem sprachlichen Bild lässt sich eine Aussage besonders anschaulich für den Leser oder Zuhörer machen. Eine Form des sprachlichen Bildes ist der Vergleich. Du erkennst einen Vergleich an dem Wörtchen „wie" (Beispiel: Er springt wie ein Känguru.). Suche im Text nach einem solchen Vergleich. Zitiere den vollständigen Satz. Vergiss nicht, dein Zitat in Anführungszeichen zu setzen und die Zeilen anzugeben. Überprüfe abschließend, ob du auch wirklich wortwörtlich zitiert hast.

   a) Mögliche Ursachen:
   - große Menschenmengen, denen man nicht entfliehen kann (vgl. Z. 7–9)
   - Baustellen- und Straßenlärm direkt vor dem Fenster (vgl. Z. 9–11)

- Streit mit der Familie und mit Nachbarn um Kleinigkeiten (vgl. Z. 12–14)
- niemals genug Zeit (vgl. Z. 14/15)
- Termine (vgl. Z. 54, Z. 57)
- Verkehrsstau (vgl. Z. 58)
- Abhängigkeiten (z. B. von Umständen)/Zwänge (vgl. Z. 70/71, Z. 75)

b) Sprachbild:
„Das Leben hier [in Deutschland] ist für mich wie ein Tornado, es kommt und saugt mich auf, nimmt mich mit, wirbelt mich voller Hast und Hektik herum, bis ich den Eindruck habe: Die Zeit dreht sich schneller, als ich selbst mich drehen kann." (Z. 1–7)

3. *Hinweis: Im Text sind die zwei unterschiedlichen Lebenswelten der Autorin sehr anschaulich beschrieben. Überfliege den Text und suche die Abschnitte, in denen Sabine Kuegler von ihrem Leben im Dschungel erzählt. Unterstreiche alle Stellen, an denen sie beschreibt, was ihr am Dschungelleben gefallen hat bzw. was ihr jetzt fehlt. Fasse diese Textstellen anschließend in eigenen Worten zusammen.*

Die Autorin sehnt sich nach der Stille und dem Frieden, der im Dschungel herrscht, nach einem Leben ohne Zeitdruck und Zwänge, die sie einengen und von vielen Dingen abhängig machen. Im Dschungel gibt es eine feste Gemeinschaft, in der die Aufgaben und Rollen klar verteilt und berechenbar sind. Dort hat sie eine Familie, die immer für sie da ist, sie beschützt und ihr hilft. Alles wird geteilt und sie muss keine Angst haben, plötzlich im Stich gelassen zu werden. Zwar ist das Leben im Dschungel körperlich anstrengender als in der westlichen Welt, aber seelisch ist es für Sabine Kuegler viel leichter zu ertragen.

Das Gefühl, echten Frieden zu finden, wirklich frei und unabhängig in der Natur leben zu können, hat die Autorin dort wirklich glücklich gemacht und ihre Sehnsucht wachgehalten.

4. *Hinweis: Lies die Textanmerkung zum Begriff „Verlorenes Tal". Im Wortspiel kommt das Wort „Verloren" bzw. „Verlorene" zweimal vor. Welchen Gegensatz will die Autorin damit ausdrücken? Mache dir Notizen: Im Verlorenen Tal → glücklich; im Rest der Welt → verloren. Formuliere dann deine Antwort.*

In West-Papua lebte die Autorin als Kind im sogenannten „Verlorenen Tal". Der Name lässt schon erahnen, dass es weitab von jeglicher Zivilisation liegt, eigentlich gar nicht mehr wahrgenommen wird. Man müsste meinen, dass man vergessen ist, ja regelrecht „verloren", wenn man an diesem Ort wohnt. Aber Sabine Kuegler fühlte sich dort nicht als Verlorene, denn sie fand in diesem Tal beim Stamm der Fayu Geborgenheit und Schutz und ein Leben voller Menschlichkeit.

Verloren kommt sich die Autorin dagegen in der westlichen Welt vor, die sie als „Rest der Welt" bezeichnet, obwohl diese natürlich viel größer ist als das „Verlorene Tal". Aber sie fühlt sich hier nicht wohl, sondern einsam und orientierungslos, sie leidet unter dem ständigen Druck und den Regelungen. Absichtlich wählt sie daher diesen Ausdruck und macht deutlich, dass sie sich eben deshalb in unserer sogenannten „Wohlstandsgesellschaft" wie eine „Verlorene" vorkommt, nicht aber in ihrem einsamen Tal im Dschungel.

5. **Hinweis:** *Sieh dir das Bild genau an: Wen siehst du darauf und was passiert dort? Versuche die Stimmung dieser Szene nachzuempfinden, indem du dich in die Rolle des Kindes (der Autorin) hineinversetzt. Schreibe so, als ob du selber dieses Leben im Dschungel erlebt hättest. Berücksichtige dabei auch die Informationen aus dem Text. Schreibe in der Ich-Form.*

Nun krame ich doch wieder in den alten Fotos, obwohl ich weiß, dass mir dabei das Herz auch heute noch schwer wird. Aber nach einem so anstrengenden Tag brauche ich jetzt diese Erinnerungen an meine Kindheit.
Ach ja, das Foto zum Abschied! Rechts im Bild ist unser bester Freund aus dem Stamm der Fayu, bei dem wir lebten. Ich weiß noch, wie er mit seinen kräftigen Armen ganz sanft meinen Kopf nahm und an seine Stirn drückte. So sagt man sich bei den Fayu Lebewohl. Weil ich weinte, sagte er mir tröstende Worte und meinte, dass sich alle schon auf meine Rückkehr freuen würden. Dann gäbe es ein großes Fest. Meine Familie wollte für einige Zeit nach Deutschland reisen, ich wäre aber lieber im Dschungel geblieben.
Ich sehne mich so nach dieser Zeit. Als Kinder waren wir im Dschungel frei, geborgen und glücklich. Ich wurde von der ganzen Dorfgemeinschaft immer beschützt und umsorgt, auch wenn meine Eltern mal nicht in der Nähe waren – oder wie hier zum Abschied. Es gab natürlich auch Probleme und das Leben war körperlich manchmal sehr anstrengend. Aber es wurde mir dort immer geholfen. Alle fühlten sich verantwortlich, Schwierigkeiten gemeinsam zu lösen. Jeder kümmerte sich um jeden, alles wurde geteilt und mit den anderen Kindern der Stammesmitglieder lebte

ich unbeschwert zusammen. Die Hektik, die ich hier erlebe, die vielen Pflichten, aber auch die Annehmlichkeiten würde ich manchmal gerne eintauschen für ein Leben wie damals im Urwald unter meinen Freunden.

6. ✏ **Hinweis:** *Im Text wird ausführlich beschrieben, wie verloren sich die Autorin in der für sie fremden westlichen Welt vorkam. Um eine eigene Situation zu finden, in der du dich fremd gefühlt hast, gehst du am besten gedanklich verschiedene Stationen in deinem Leben durch, an die du dich noch gut erinnern kannst. Vielleicht hast du einmal an einem Schüleraustausch teilgenommen und dich in der Gastfamilie fremd gefühlt. Oder du hast mit einer Jugendgruppe die Ferien verbracht und dich nicht ganz wohlgefühlt. Wenn dir kein eigenes Erlebnis einfällt, denkst du dir einfach eines aus. Beachte, dass du deine Gefühle und die Gründe dafür beschreiben musst.*

Letztes Jahr habe ich einen Ferienjob angenommen, da ich mir für eine neue Kamera Geld verdienen wollte. Weil sich die Firma mit Garten- und Landschaftsbau beschäftigte, freute ich mich schon darauf. Unseren Garten zu hegen und pflegen ist nämlich ein Hobby von mir.

Die Ernüchterung folgte allerdings schnell. Eingezwängt zwischen den Arbeitern der Firma steuerten wir mit einem Transporter eine Art Großbaustelle an, die nicht viel Ähnlichkeit mit einem Garten aufwies. Und schneller als ich mich umsehen konnte, waren alle bei der Arbeit und ich stand recht verloren zwischen Baumaschinen, Steinhaufen und ausgehobenen Gräben. Mich überkam ein seltsames Gefühl der Hilflosigkeit. Zu fragen, was ich jetzt tun sollte, traute ich mich nicht, und Zeit, um mir etwas zu erklären, hatte offensichtlich auch niemand. Es kam mir so vor, als ob mich alle ablehnen und nicht ernst nehmen würden.

Schließlich sollte ich mit einer Schubkarre Steine quer über das Gelände transportieren. Mit der Arbeit im Vorgarten hatte das nichts gemeinsam. Die Schubkarre fühlte sich tonnenschwer an. Dazu hatte ich den Eindruck, als ob ich die heißeste Woche der letzten zehn Jahre erwischt hätte. Zu meiner Schande kippte mir die Karre auch noch mehrmals um, sodass ich die Steine wieder hineinschaufeln musste. In der kurzen Brotzeit und später dann in der Mittagspause sank ich wie ohnmächtig in den Schatten. Ich schämte mich richtig und hätte am liebsten meine Eltern angerufen, damit sie mich abholten. Ich war der Einzige in meinem Alter, der hier arbeitete. So wollte ich auch mit niemandem darüber reden, dass ich mich fremd und ausgegrenzt fühlte.

Dass man mich aber eigentlich nur schonen wollte, die Arbeiter eben auch unter Zeitdruck waren und ich viele positive Worte und Signale an diesem ersten Tag gar nicht wahrnahm, habe ich erst in den folgenden Tagen verstanden. Es lief dann immer besser und ich war stolz darauf, dass ich durchgehalten hatte – meine Arbeitskollegen übrigens auch.

7. ✏ *Hinweis: Wenn du aufgefordert wirst, zu einer bestimmten Textaussage Stellung zu nehmen, musst du zunächst einmal darstellen, welche Position du vertreten willst. Stimmst du der Autorin zu oder findest du es falsch, was sie sagt? Das allein reicht aber nicht. Du musst deine Meinung auch mithilfe aussagekräftiger Argumente begründen. Notiere diese zunächst stichpunktartig auf einem Extrablatt. Beachte, dass ein Argument aus These, Erklärung und anschaulichem Beispiel bestehen sollte. Anschließend bringst du deine Argumente in eine sinnvolle Reihenfolge. Halte auch mögliche Gegenargumente fest, und versuche, das wichtigste von ihnen zu entkräften.*

Die Autorin beschreibt im Text „Dschungelkind" neben ihren Eindrücken vom Dschungelleben auch das Leben in der westlichen Welt und bringt zum Ausdruck, was sie hier vermisst. Sie meint, dass es anderen auch nicht besser gehe. Im ersten Moment würde ich diese Meinung nicht mit ihr teilen. Eigentlich geht es mir recht gut. In der Schule klappt alles, zu Hause auch, und mit meinen Freunden nutze ich jede freie Minute, um etwas zu unternehmen. Das Großstadtleben mit seinen zahllosen Unterhaltungsangeboten genießen wir in vollen Zügen.	*Einleitung* Hinführung zum Thema und Zielvorgabe
Wenn ich unsere Gesellschaft insgesamt aber mit kritischem Blick betrachte und über das Leben in unserer zivilisierten Welt nachdenke, muss ich zugeben, dass in vielen Bereichen sehr wohl etwas fehlt.	*Überleitung* kritischer Blick auf westliches Leben deckt Mängel auf
So ist es trotz zahlreicher Vorteile bedenklich, wie verschwenderisch unsere Konsumgesellschaft mit ihren kostbaren Ressourcen und den Produkten umgeht. Ich denke dabei z. B. an Nahrungsmittel, Einwegartikel und Billigwaren, die meist schnell weggeworfen werden, obwohl man sie wiederverwenden könnte. Von Umweltschutz wird zwar immer gesprochen, aber er wird nicht wirklich umgesetzt.	*Hauptteil* *Argument 1* Verschwendung und mangelndes Umweltbewusstsein
Manchmal ärgere ich mich auch über Persönlichkeiten in Politik und Wirtschaft, die es mit der Ehrlichkeit nicht so genau nehmen. Dabei sollten sie doch Vorbil-	*Argument 2* schlechte Vorbildfunktion bekannter Persönlichkeiten

der für uns sein. In den Medien gibt es sehr häufig Berichte darüber, dass sich jemand auf Kosten anderer bereichern will. Das schadet nicht zuletzt dem Ansehen unserer gesamten Gesellschaft.

In unserer „Ellenbogengesellschaft" scheitern Ältere, Arbeitslose, Behinderte und andere Benachteiligte häufig an der Bürokratie oder am Unverständnis der Allgemeinheit. Längst sind wir noch nicht soweit, dass alle benachteiligten Menschen an unserem gesellschaftlichen Leben teilhaben können.

Argument 3
Ausklammern Schwächerer in unserer Gesellschaft

Auch wenn ich die Freizeit mit Freunden gerne in der Großstadt genieße, wünsche ich mir dennoch, dass unser Alltagsleben etwas langsamer ablaufen würde. Von morgens bis abends ist man in einen engen Zeitplan eingebunden, der fast keine Auszeiten mehr zulässt. Das zeigt sich natürlich auch in der Familie, in der man sich tagsüber kaum noch sieht.

Argument 4
Alltagshektik in Schule, Freizeit und Familie

Es fehlt also doch einiges in unserer Gesellschaft. Veränderungen sind dringend nötig. Mir wäre schon geholfen, wenn man über die Zukunft auch mal positiv sprechen und nicht nur Schreckensszenarien aufbauen würde. Wir Jugendlichen brauchen Menschen, die uns Möglichkeiten aufzeigen, wie wir vieles besser machen können, sodass wir in unserer zukünftigen Gesellschaft weniger vermissen werden.

Schlussgedanke und Stellungnahme
positiven Blick in die Zukunft wagen

Teil B: Text 2

1. **Hinweis:** *Eine gute Überschrift muss Bezug auf den Kerngedanken des Textes nehmen. Es ist also wichtig, dass du verstanden hast, worum es in dem Text geht. Einen Hinweis gibt dir natürlich die vorhandene Überschrift. Hier taucht das Wort „Verschwendung" auf. Es liegt also nahe, zu vermuten, dass es im Kern um die Verschwendung von Lebensmitteln geht. Diesen Gedanken musst du in der Überschrift zum Ausdruck bringen.*

   Mögliche Überschriften:
   - Nahrungsmittelvernichtung – Werteverlust in der Wohlstandsgesellschaft
   - Lebensmittelverschwendung – und kein Ende!

- Lebensmittel – Wegwerfprodukte
- Lebensmittelproduktion für die Müllhalde

2. **Hinweis:** *Am besten gehst du so vor: Überfliege den Text noch einmal und markiere alle Stellen, die Zahlen enthalten. Beachte aber, dass die Zahlen nicht nur in Ziffernschreibweise auftauchen, sondern auch als Wort. Achte deshalb genau auf den Inhalt der Sätze.*
Da du zitieren sollst, musst du unbedingt daran denken, die Sätze in Anführungszeichen zu setzen und die Zeilen anzugeben.

   Mögliche Textaussagen:
   - „Die Hälfte der Lebensmittel, die weltweit erzeugt werden, landet auf dem Müll." (Z. 1/2)
   - „… dass in Österreich pro Haushalt und Jahr Nahrungsmittel im Wert von 400 Euro weggeworfen werden." (Z. 42/45)
   - „In Deutschland landen 10–20 Prozent der Tagesproduktion einer Bäckerei im Abfall." (Z. 73–75)
   - „… jährlich werden in Deutschland 500 000 Tonnen Brot weggeworfen." (Z. 78–80)
   - „Ein Drittel der Klimagase wird von der Landwirtschaft produziert, die Hälfte ihrer Erzeugnisse landet auf dem Müll." (Z. 99–102)

3. **Hinweis:** *Lies noch einmal den Text. Markiere dabei die Stellen, an denen Gründe für die Lebensmittelverschwendung genannt werden. Notiere diese dann in eigenen Worten stichpunktartig.*

   Mögliche Gründe:
   - Lebensmittel sind billiger geworden (vgl. Z. 19/20)
   - Überangebot und verlängerte Ladenöffnungszeiten verführen zu unnötigen Einkäufen (vgl. Z. 24–28)
   - Reste werden nicht verwertet, sondern entsorgt (vgl. Z. 33–37)
   - Aussortieren wegen geringer Schönheitsfehler (vgl. Z. 49–54, Z. 81–86)
   - Aussortieren, da Haltbarkeitsdatum abgelaufen (vgl. Z. 58–60)
   - Arbeitszeit zum Aussortieren zu teuer (vgl. Z. 56/57)
   - Überproduktion (vgl. Z. 75–77)

4. **Hinweis:** *Lies dir den Text aufmerksam durch und markiere alle Fremdwörter. Dabei fallen dir vielleicht schon einige passende Kombinationen ins Auge. Beim ersten Lesen könnte es aber durchaus passieren, dass du manche Fremdwörter gar nicht bemerkst, weil man sie durch den häufigen Gebrauch oft nicht mehr als solche wahrnimmt. Wenn du unsicher bist oder die Bedeutung eines Fremdwortes nicht kennst, dann schau ins Wörterbuch. Da manche*

Fremdwörter mehrere Bedeutungen haben können, spielt immer auch der Textzusammenhang eine entscheidende Rolle.

a) gebietsweise, das Umland betreffend — regional (Z. 107)
b) die Sauberkeit betreffend — hygienisch (Z. 64)
c) Geschäft mit besonders günstigen Angeboten — Discounter (Z. 13)
d) Bildungs- oder Forschungsanstalt — Institut (Z. 41)

5. **Hinweis:** Lies zunächst noch einmal die Textstelle, in der das Wort genannt wird. Die beiden Wortbestandteile geben dir schon einen ersten Hinweis. Wähle dann ein Lebensmittel aus, von dem du weißt, wie es hergestellt wird bzw. wie es von der Herstellung zum Verbraucher gelangt. Notiere dir erst stichpunktartig die einzelnen Stationen (die Glieder der Kette), die dieses Lebensmittel durchläuft, und formuliere anschließend deine Stichpunkte in ganzen Sätzen.

So, wie die einzelnen Glieder einer Kette aufeinanderfolgen und miteinander verbunden sind, verhält es sich mit einer „Versorgungskette" im Bereich der Lebensmittel. Diese beginnt beim Abbau eines Rohstoffs und endet beim Verkauf eines Produktes an den Endverbraucher. Wenn wir z. B. Brot im Supermarkt kaufen, ist uns oft gar nicht bewusst, wie viele Stationen dieses Lebensmittel bis dahin schon durchlaufen hat.

Alles beginnt mit dem Anbau des Getreides auf den Feldern und der Ernte durch den Landwirt. Das geerntete Getreide muss dann zu einer Sammelstelle und von dort in großen Mengen zur Mühle transportiert werden. Heute sind Mühlen hochtechnisierte Unternehmen, die aus dem Getreide unterschiedlichste Mehlsorten herstellen können. Ein Transportunternehmen beliefert anschließend Großbäckereien als weiteres Glied in der Versorgungskette. Diese stellen aus dem Mehl Brote und andere Backwaren her. Die fertige Ware wird dann an den Supermarkt geliefert. Häufig beliefert eine Großbäckerei viele verschiedene Märkte gleichzeitig. In den kleinen Bäckereifilialen der Supermärkte werden Brötchen und Croissants dann noch einmal kurz aufgebacken, damit ihr Duft die Kunden anlockt. Als letztes Glied in der Versorgungskette und damit als Endverbraucher kaufen wir dann das fertige Brot.

6. **Hinweis zu a:** Bevor du eine zentrale Aussage als Überschrift formulierst, musst du die Arbeitszeiten in den angegebenen Zeitabschnitten (1970 und 2008) genau miteinander vergleichen, um den Zusammenhang richtig zu erkennen.
Zu b: Den in der Grafik dargestellten Sachverhalt findest du auch im Text beschrieben. Lies

ihn noch einmal mit Blick auf die von dir gefundene Kernaussage durch. Beachte: Wenn es heißt, dass man für Lebensmittel weniger lange arbeiten muss, dann bedeutet das zugleich, dass die Lebensmittel billiger geworden sind, da die Produzenten ihren Angestellten weniger bezahlen müssen.

a) Mögliche Überschriften:
- Immer weniger Arbeit für mehr Lebensmittel
- Arbeitszeit für Nahrungsmittelerwerb damals und heute
- Erwerb von Nahrungsmitteln immer günstiger

b) Dem Schaubild können wir entnehmen, dass in den vergangenen vier Jahrzehnten immer weniger gearbeitet werden musste, um die gleiche Menge an Lebensmitteln kaufen zu können. Wie im Text beschrieben, werden diese dadurch immer billiger. Entsprechend sorglos gehen wir mit ihnen um. Man kauft zu viel, sortiert wahllos aus und wirft schneller etwas weg. Die Möglichkeit, Reste zu verwerten, sehen wir oft gar nicht mehr. Dass dadurch wertvolle Lebensmittel verschwendet werden, bemerken immer weniger Menschen.

7. *Hinweis:* Dein Text soll deine Mitschüler dazu motivieren, wieder mehr Achtung vor dem Essen zu haben. Du musst sie also mithilfe begründeter und sachlich richtiger Argumente überzeugen. Stell dir am besten vor, was dich selbst ansprechen und dazu bringen würde, aktiv mit anzupacken. Berücksichtige diese Überlegungen beim Schreiben und suche überzeugende Beispiele, die tatsächlich umsetzbar sind.

Liebe Mitschülerinnen und Mitschüler,	Anrede
was Hunger bedeutet, wusste man in der Nachkriegszeit und wird uns auch in heutiger Zeit durch große Hungersnöte in ärmeren Ländern, wie z. B. in Afrika, immer wieder vor Augen geführt. Wir in unserer westlichen Wohlstandsgesellschaft fühlen uns davon aber offensichtlich nicht betroffen. Wie könnte es sonst sein, dass die Hälfte der weltweit erzeugten Lebensmittel auf dem Müll landet und vieles schon nach der Ernte oder bei der Herstellung entsorgt wird, weil es nicht gut genug aussieht? Es ist eine Schande, dass allein in Deutschland jährlich 500 000 Tonnen Brot weggeworfen werden oder in Österreich Nahrungsmittel im Wert von 400 Euro pro Haushalt in der Tonne landen. Ich könnte euch noch viele Beispiele	**Einleitung** Bewusstmachen der enormen Verschwendung von Nahrungsmitteln und Ressourcen

aufzählen. Die Folgen sind schrecklich! Der Preis für die Grundnahrungsmittel ist für die ärmeren Länder kaum mehr zu bezahlen, da er durch die hohe Nachfrage immer weiter steigt. Natürliche Ressourcen werden verschwendet, vor allem kostbares Wasser für die Produktion. Gerade weil die Hälfte der landwirtschaftlichen Erzeugnisse auf dem Müll endet, ist es erschreckend zu sehen, dass ein Drittel der Klimagase allein von der Landwirtschaft erzeugt wird.

Aber nur zu kritisieren nutzt nichts. Es liegt auch an uns, mit gutem Beispiel voranzugehen. Vielleicht fühlst du dich jetzt selbst angesprochen und möchtest mithelfen, die Situation zu verbessern und gegen diese unnötige Verschwendung vorzugehen. Hier ein paar Vorschläge:

Hauptteil
Aufruf an die Mitschüler, sich aktiv einzubringen

Lasst euch nicht durch das sogenannte Mindesthaltbarkeitsdatum täuschen. Auch wenn es viele Tage überschritten ist, kann man diese Lebensmittel meist noch bedenkenlos essen. Wenn man beispielsweise einen Joghurt öffnet, sieht man gleich, ob er noch genießbar ist oder nicht. Nur bei Fleisch-, Fisch- und Eiprodukten muss das Verbrauchsdatum beachtet werden. Informiert eure Eltern, Geschwister und Verwandten darüber. Schon dadurch lassen sich viele Lebensmittel vor der Verschwendung bewahren. Auch Brot und andere Backwaren, die nicht mehr ganz frisch sind, könnt ihr auf dem Toaster leicht rösten und schon schmecken sie wieder gut. Probiert es einfach aus.

bewusster Konsum mit kritischem Blick auf Haltbarkeit und Verbrauchsdatum

Überlegt doch einmal kritisch, was ihr innerhalb einer Woche alles esst und wie viel ihr davon in den Müll werft. Plant darum eure Einkäufe sorgfältig und kauft nur so viel, wie ihr auch essen könnt. Bleiben dann doch einmal Reste übrig, lassen sich diese oft prima aufbereiten. Sie können so ein Essen ersetzen, für das man wieder neue Nahrungsmittel bräuchte. Überzeugt eure Familie und eure Freunde einfach durch die vielen

bewusster Einkauf und Wiederverwertung von Nahrungsmitteln

Vorteile, die ein verantwortungsvoller Umgang mit Lebensmitteln hat.

Das alles könnt ihr im Alltag direkt umsetzen und mit der richtigen Einstellung, werdet ihr rasch merken, dass ihr unsere Nahrungsmittel wieder mehr zu schätzen wisst und obendrein dabei auch noch Geld spart. Lasst euch einfach darauf ein und denkt daran: Nicht allen geht es so gut wie uns!

zusammenfassender Schlussappell

8. **Hinweis zu a:** *Das Wort selbst gibt bereits Auskunft darüber, was sich dahinter verbirgt. Gehe verschiedene Bereiche des täglichen Lebens durch und blicke auch auf deine eigenen Erfahrungen.*
Zu b: *Hier kannst du auf die Erkenntnisse aus der ersten Teilaufgabe zurückgreifen und dazu passende Beispiele suchen, die du näher ausführst. Beachte den vorgegebenen Seitenumfang.*

a) Nicht nur ein Großteil unserer Lebensmittel landet grundlos auf dem Müll, sondern auch viele andere Güter des täglichen Lebens werden ohne zu überlegen weggeworfen und schneller entsorgt, als es sein müsste. Unsere Gesellschaft ist auf Konsum ausgelegt und orientiert sich meist nicht daran, ob ein Einkauf wirklich notwendig ist. So werden alltägliche Gebrauchsgegenstände oft sehr billig als Einwegprodukte angeboten und deshalb auch rasch wieder entsorgt. Alle Bevölkerungsschichten tragen so zur Rohstoffverschwendung und Umweltbelastung bei.

b) Um Rohstoffe zu sparen und die Natur zu schützen, ist es zwingend nötig, dass wir alle unser Konsumverhalten verändern und damit der Wegwerfgesellschaft entgegenwirken. Ich selbst kann viel dafür tun.

Zahlreiche Einwegartikel lassen sich problemlos wiederverwenden: Einmalbesteck und Einkaufstüten kann man z. B. bedenkenlos mehrmals verwenden und leere Eisschachteln aus stabilem Kunststoff oder Verpackungskartons eignen sich prima zum Aufbewahren und Verstauen verschiedenster Dinge. Als Denkanstoß für meine Mitschüler könnte ich mir gut vorstellen, einmal eine kleine Ausstellung über kreative Wiederverwendungsmöglichkeiten von Einwegartikeln zu machen.

Sehr viel sorgfältiger und kritischer möchte ich auch mit elektronischen Geräten im Haushalt umgehen. Auch wenn diese mittlerweile relativ billig sind, werde ich sie pfleglich behandeln und kleinere Reparaturen nicht gleich zum Anlass nehmen, das Gerät zu entsorgen. Ich frage mich wirklich, ob nur wegen des Designs und ein paar technischer Neuerungen sofort ein neues Gerät angeschafft werden muss. Bevor ich etwas Funktionierendes wegwerfe, kann ich es auch an einen Secondhandshop oder an einen Freund weitergeben.

Auch was Nahrungsmittel anbelangt, werde ich mein Konsumverhalten kritisch überdenken. Ich muss beispielsweise nicht alles aufwendig verpackt kaufen, wenn ich einen Imbiss oder bestimmte Lebensmittel auch offen bekommen kann.

Das Gleiche gilt für Kleidung. Die Werbung und natürlich auch ein gewisser Druck in der Gruppe sorgen dafür, dass man sich viel zu schnell etwas Neues kauft, obwohl die alten Sachen durchaus noch tragbar wären. Ich möchte versuchen, diesen Teufelskreis zu durchbrechen.

Wenn es mir gelingt, wenigstens einen Teil meiner Vorsätze zu verwirklichen, und ich vielleicht meine Freunde damit anstecken kann, haben wir schon einiges für die Umwelt- und Ressourcenschonung erreicht.

Abschlussprüfung 2013

Teil A: Rechtschreibung I

✏ **Hinweis:** Nach dem Diktieren bekommst du noch einmal **zehn Minuten** Zeit, um deinen Text mithilfe der gelernten Rechtschreibstrategien und durch Nachschlagen im Wörterbuch zu überarbeiten.
Für fehlende Satzzeichen, Umlautzeichen und i-Punkte wird je ein halber Punkt abgezogen. Falsche, fehlende oder nicht eindeutig lesbare Wörter sowie Trennungsfehler gelten als ganze Fehler. Wiederholungsfehler und mehrere Fehler in einem Wort werden nur einmal als Fehler gewertet.

Zu wenig Schlaf

Im Rahmen einer Studie / wurden rund 8 800 Jugendliche / hinsichtlich ihrer Schlafgewohnheiten befragt. / Schüler und Auszubildende in Deutschland / schlafen demnach wochentags / weniger als sieben Stunden. / Auch am Wochenende schlafen die jungen Leute / im Vergleich zu Erwachsenen deutlich weniger. / Dieser permanente Schlafmangel wirkt sich ungünstig / auf Gesundheit, Wohlbefinden und Leistungsfähigkeit aus. / Die an der Untersuchung beteiligten Professoren erläuterten, / dass die Jugendlichen eigentlich / in dieser Lebensphase mehr Schlaf bräuchten.

(69 Wörter)

Teil A: Rechtschreibung II

1. ✏ **Hinweis:** Bei den ersten drei Wörtern führt dich der Blick auf die Wortendung zur richtigen Lösung: -keit, -ung, und -heit kennzeichnen Nomen und erklären die Großschreibung.
Bei den Wörtern mit Doppelmitlaut musst du auf die Länge des vorausgehenden Vokals achten. Nach einem kurz gesprochenen Vokal wird der folgende Konsonant verdoppelt (nn, mm, pp).
Für jede richtig angekreuzte Lösungsstrategie gibt es einen halben Punkt. Kreuzt du bei einem Beispiel mehr als eine Strategie an, erhältst du dafür null Punkte.

Beispielwörter	Lösungsstrategie
Müdigkeit Leistungsminderung Krankheit	☐ die Grundform bilden ☐ deutlich sprechen ☒ auf die Endung achten ☐ ein verwandtes Wort suchen

Beispielwörter	Lösungsstrategie
Verspa**nn**ungen Schlafzi**mm**er Ti**pp**	☐ die Artikelprobe durchführen ☐ das Wort steigern ☐ auf ein Signalwort achten ☒ auf den vorausgehenden Vokal achten

2. **Hinweis:** *Der erste Satz ist ein Fragesatz, der durch ein Fragezeichen abgeschlossen wird. Du erkennst ihn an der gebeugten Verbform am Satzanfang (sind). Nebensätze werden durch Kommas von anderen Sätzen abgetrennt. Der Aussagesatz endet mit einem Punkt. Jedes richtig gesetzte Satzzeichen ergibt einen halben Punkt. Wenn du mehr als vier Satzzeichen setzt, wird dir für jedes zusätzliche Satzzeichen ein halber Punkt abgezogen. Die geringste Punktzahl ist null.*

   Sind Sie eine Eule oder eine Lerche**?**
   Wer sich nun fragt**,** was damit gemeint ist, sollte wissen**,** dass es sich hierbei um verschiedene Schlaftypen handelt**.** In jedem Menschen tickt eine innere Uhr, die bestimmt, wann wir müde werden**.**

3. **Hinweis:** *Der senkrechte Strich im Wort gibt an, an welcher Stelle getrennt werden kann. Nach dem Wort selbst folgen die Artikelangabe und die Endungen im Genitiv und im Plural. Anschließend ist in Klammern die Sprache angegeben, aus der das Wort stammt. Danach folgt die Bedeutung des Wortes sowie weitere Wörter aus der gleichen Wortfamilie. Für die Aufgabe ist es wichtig, dass du das Verb vom Adjektiv unterscheidest. Achte dazu auf die Verbendung –ieren. Für jede richtige Lösung wird ein halber Punkt vergeben.*

   a) Rhythmen
   b) aus dem Griechischen
   c) Trennung, Trennstrich
   d) rhythmisieren

4. **Hinweis:** *Korrigiere den Text mithilfe der gelernten Rechtschreibstrategien. Wenn du dir bei der Schreibung einzelner Wörter unsicher bist, schlage sie im Wörterbuch nach. Jedes richtige Wort wird mit einem halben Punkt bewertet. Werden mehr als sechs Wörter notiert, wird für jede falsche Lösung ein halber Punkt abgezogen. Weniger als null Punkte können nicht vergeben werden.*

   a) erh**öh**t
   b) Risiko
   c) **m**orgendlichen
   d) übermä**ß**iger
   e) Garan**t**
   f) Fitness

Teil B: Text 1

1. ✏ **Hinweis:** Lies den Text zunächst aufmerksam durch. Fasse dann stichpunktartig die einzelnen Textabschnitte am Rand zusammen. Beginne die Zusammenfassung des Inhalts mit einem einleitenden Satz, der über Textsorte, Titel und Autor informiert. Sage außerdem, worum es allgemein im gesamten Text geht. Anschließend fasst du die wesentlichen Inhalte der Kurzgeschichte zusammen. Nutze dazu deine Notizen und achte darauf, im Präsens zu formulieren. Damit du dich nicht in Details verlierst, solltest du jeden Textabschnitt vorher noch einmal lesen.

In der Kurzgeschichte „Nie mehr" von Susanne Kilian lässt uns die Autorin an den Gedanken und Gefühlen der Schülerin Marion teilhaben, die täglich die Ereignisse auf dem Balkon eines Seniorenheims beobachtet.
Dort füttert eine alte, schwer gehbehinderte Bewohnerin jeden Tag die Vögel. Da Marion in dieser Zeit am Fenster sitzt und Hausaufgaben macht, kann sie das immer gleich ablaufende „Ritual" gut beobachten: Zuerst geht die Frau einige Schritte auf dem Balkon hin und her, dann holt sie den Futterbeutel hervor und zerkrümelt das Brot für die Vögel. Nachdem sie diesen beim Aufpicken zugeschaut hat, kehrt sie wieder zur Balkontür zurück. Wie sehr sich Marion an dieses Geschehen gewöhnt hat, wird ihr erst bewusst, als die „Vogelalte", wie sie die alte Frau in Gedanken nennt, eines Tages nicht mehr auf den Balkon kommt. Weil die Frau auch in den Folgetagen nicht mehr erscheint, vermutet Marion schließlich, dass die „Vogelalte" gestorben sein muss. Das junge Mädchen vermisst das tägliche Ritual auf dem Balkon und bedauert es, die alte Dame nicht persönlich kennengelernt zu haben. Zum ersten Mal in ihrem Leben gehen ihr Gedanken über das Altern und das unausweichliche Sterben durch den Kopf.

2. ✏ **Hinweis zu a:** Bestimmt hast du auch schon einmal einem Menschen eine Art „Spitznamen" gegeben, weil er ein besonderes Aussehen hatte oder ein ungewöhnliches Verhalten gezeigt hat. Suche nach Textstellen, in denen das Aussehen und Verhalten der Frau beschrieben werden. Mit diesen Textaussagen kannst du den Namen „Vogelalte" ganz leicht erklären.
Zu b: Bei der Bearbeitung von Aufgabe a sind dir schon passende Textstellen begegnet. Vier kurze Beschreibungen zitierst du. Achte darauf, die Textstellen als Zitate zu kennzeichnen.

a) Die Frau, die Marion täglich beobachtet, ist alt und füttert gerne die Vögel. Der Name „Vogelalte" passt daher sehr gut zu ihr.

b) Mögliche Textstellen:
- „Eine dicke, alte Frau, auf zwei Stöcke gestützt [...] watschelt auf den Balkon." (Z. 23–26)
- „An ihrem unförmigen, dicken Körper hängen, krumm und nach innen gebogen, die Beine, als würden sie sich biegen unter dem Gewicht." (Z. 27–30)
- „Marion hat sie noch nie in einem anderen Mantel gesehen. Schwarz, oben ein kleiner Pelzkragen, mit drei riesigen, glänzenden Knöpfen zugeknöpft. Und so altmodisch!" (Z. 47–51)
- „Stückchen für Stückchen wird es mit zittrigen, runzeligen Händen zerkrümelt [...]." (Z. 55–57)
- „Jetzt ist sie dick und alt und ganz allein [...]." (Z. 82/83)

3. *Hinweis:* *Sprachliche Bilder dienen dazu, bestimmte Aussagen für den Leser besonders anschaulich zu machen. Dabei gibt es neben der wörtlichen Bedeutung immer eine übertragene, die du erklären sollst. Überlege dir zunächst, was du siehst, wenn du einen Film rückwärts abspielst. Im Text wird eine „Szene" beschrieben, die sich gut damit vergleichen lässt. Überlege, was mit diesem Sprachbild veranschaulicht wird.*

Wenn ein Film rückwärts läuft, sieht man genau die gleichen Bewegungen und Handlungsabläufe noch einmal, aber in umgekehrter Reihenfolge: Das Ende wird zum Anfang und umgekehrt. In der Kurzgeschichte geht die alte Frau zwar vermutlich nicht rückwärts zur Tür zurück, aber alle ihre Bewegungen und Handlungen, von der Balkontür bis zur Futterstelle, wiederholen sich offensichtlich auf ihrem Rückweg in nahezu gleicher Art und Weise. Im übertragenen Sinn bewegt sich die „Vogelalte" also so wie in einem Film, den man rückwärts laufen lässt.

4. *Hinweis zu a:* *Mache dir bewusst, dass sich der Herbst von den anderen Jahreszeiten vor allem durch das Wetter unterscheidet. Suche also nach Textstellen, die diese Wetterlage beschreiben. Vergiss nicht, im Text auch nach dem Wort „Herbst" zu suchen.*
Zu b: *Mit jeder Jahreszeit werden bestimmte Vorgänge und Veränderungen in der Natur verknüpft. So erwacht z. B. im Frühling die Natur aus ihrem Winterschlaf und die ersten Blumen beginnen zu blühen. Vergleicht man die Lebensabschnitte eines Menschen von seiner Geburt bis zum Tod mit den Jahreszeiten, stellt man ähnliche Abläufe und Veränderungen fest. Den Frühling verbindet man in der Literatur z. B. mit der Kindheit, der Wachstumsphase eines Menschen. Überlege dir also, welche Veränderungen die Natur im Herbst zeigt und übertrage dies auf den Menschen.*

a) Mögliche Textstellen:
- „Manchmal guckt Marion durchs Fenster in den trüben, grauen Oktobernachmittag." (Z. 5–7)
- „Die bunten Blumenkästen haben sie längst reingebracht. Der Balkon ist leer und glänzt dunkel vor Feuchtigkeit." (Z. 10–13)
- „Jeden Nachmittag im Herbst und Winter füttert sie die Vögel." (Z. 17–19)

b) Jede Jahreszeit hat ihre besonderen Merkmale: Im Herbst werden die Nächte länger, die Blumen verwelken, die Bäume verlieren ihre Blätter und viele Tiere bleiben in ihrem Unterschlupf oder ziehen Richtung Süden. Im Wald und auf den Feldern wird es dadurch immer ruhiger. Außerdem machen Nebel, Nässe und zunehmende Kälte deutlich, dass der Winter vor der Tür steht.

So wie es in der Natur im Herbst allmählich ruhiger wird und die Pflanzen sterben, ergeht es auch alternden Menschen: Die Lebensenergie lässt nach und die Beweglichkeit ist zunehmend eingeschränkt. Viele ältere Menschen werden krank, ziehen sich aus dem Leben zurück und suchen Ruhe. Auf vielen Sterbebildern ist deshalb z. B. fallendes Laub als Symbol für die Vergänglichkeit abgebildet.

5. *Hinweis: Gehe die Merkmale für Kurzgeschichten der Reihe nach durch und suche für jedes von ihnen nach passenden Textstellen. Die zwei Merkmale, die du am sichersten erkannt hast, wählst du aus und erklärst in eigenen Worten, warum sie an den entsprechenden Textstellen erfüllt sind. Im Folgenden werden dir Lösungen für alle genannten Merkmale präsentiert. Bedenke aber, dass du in der Prüfung nur zwei davon aufzeigen sollst. Auch wenn du mehr schreibst, bekommst du nur für die ersten beiden Merkmale Punkte.*

Lösungsmöglichkeiten für alle fünf Merkmale:
- Ein unvermittelter Beginn versetzt den Leser sofort mitten in das Geschehen. Es gibt keine einleitende Hinführung, in der die Umstände der Handlung erläutert werden. Die Hauptfigur Marion wird einfach benannt und das, was sie tut, beschrieben. Über ihren Wohnort, ihre familiären Verhältnisse oder ihren Charakter erfährt der Leser nichts.
- Der Schluss der Kurzgeschichte ist offen. Mit den Gedanken über die Vogelalte und den Tod bleibt Marion allein zurück. Ob sie Vorsätze oder Schlussfolgerungen aus ihren Überlegungen zieht, erfährt man nicht. Auch der weitere Verlauf von Marions Geschichte bleibt unklar.

- Die Kurzgeschichte öffnet den Blick auf eine Alltagssituation: Eine Schülerin beobachtet während der Hausaufgaben eine alte Frau beim Vogelfüttern. Dabei fällt ihr manches auf und sie kommt ein wenig ins Grübeln. Diese Situation ist ein Ausschnitt aus dem wirklichen Leben. Nichts Spektakuläres ereignet sich, sondern es handelt sich um einen ganz alltäglichen Vorgang.

- *Hinweis: Ein Satz ist in der Regel dann unvollständig, wenn ein Prädikat und/oder ein Subjekt fehlt. Hier sind alle unvollständigen Sätze aufgelistet, in deiner Lösung sollst du aber nur eine Textstelle aufzeigen.*
  Der Text enthält viele kurze, und teilweise auch unvollständige Sätze. Dazu gehören z. B.:
  - „Nach dem Mittagessen, ab zwei bis ungefähr vier, halb fünf, je nachdem." (Z. 3–5)
  - „Kein bisschen. Eher beschwerlich." (Z. 34/35)
  - „Langsam. Ganz langsam. Wie das Pendel einer riesigen Uhr. Hintick, nach links, her-tack, nach rechts." (Z. 37–39)
  - „Direkt am Geländer." (Z. 40/41)
  - „Schwarz, oben ein kleiner Pelzkragen, mit drei riesigen, glänzenden Knöpfen zugeknöpft. Und so altmodisch!" (Z. 48–51)
  - „Schaukelt vor, zurück am Geländer. Nimmt die Stöcke wieder. Läuft hin, her, hin. Und geht vom Balkon [...]." (Z. 67–70)
  - „Und wie viele?" (Z. 76)
  - „Bestimmt verstohlen und heimlich." (Z. 86/87)

- An zahlreichen Stellen im Text gibt es Aufzählungen und Wiederholungen. So wird beispielsweise die Uhrzeit, in der die „Vogelalte" für gewöhnlich auf den Balkon kommt wiederholt (Z. 20/21: „Irgendwann zwischen drei und vier, immer zwischen drei und vier, [...]"). Eine Aufzählung findet man dagegen in Z. 57–59, wenn es heißt: „eine aufgeregt flatternde, nickende, pickende Vogelversammlung".

6. *Hinweis: Du sollst einen inneren Monolog schreiben, das heißt, du musst die Gedanken und Fragen der alten Dame möglichst treffend formulieren. Dazu versetzt du dich in sie hinein. Aus der Sicht Marions hast du bereits erfahren, wie sich die „Vogelalte" benimmt. Versuche, aus diesem Verhalten die Gedanken und Gefühle der alten Frau abzuleiten, wenn sie zu Marions Fenster hinüberschaut. Schreibe in der Ich-Form.*

   Ah ja! Mein Mädchen sehe ich auch schon wieder hinterm Fenster sitzen. Um diese Zeit, nach dem Mittagessen, dürften die Hausaufgaben dran

sein. Auf meine Vögelchen, die ich gleich füttere, freue ich mich sehr, aber auch auf mein Mädchen. Jeden Tag sehe ich sie und immer denke ich dann gleich an meine eigene Tochter, die stets am Küchentisch saß, um die Hausaufgaben zu erledigen. Später waren es dann meine Enkel. Das war eine schöne Zeit. Mein Mädchen erinnert mich so sehr daran ...
– Na, die wird sich was denken, wenn sie mich so sieht! „Die Alte ist ja nicht so gut drauf", wird sie sagen, „und wie dick die ist". Sie kann ja nicht wissen, dass mir jetzt die Krankheit so zusetzt und dass ich auch mal schlank und hübsch war. Ob ihre Eltern wohl in der Nähe sind? Ob ihr die Mutter ein wenig helfen kann bei den Hausaufgaben, wie ich es auch immer getan habe?
Bestimmt würde sie jetzt auch lieber die Vögel füttern als Hausaufgaben machen. Vielleicht hat sie ja sogar einen Wellensittich? Schade, dass ich nicht mal ihren Namen kenne. Aber vielleicht möchte sie mit einer alten Frau wie mir gar nichts zu tun haben. Schließlich hat sie mir noch nie zugewunken oder mir auf andere Weise gezeigt, dass sie mich bemerkt. Aber schön wäre es schon, wenn sie mich mal besuchen käme. Meine eigene Tochter und ihre Familie kommen ja nur noch ganz selten zu mir, seit sie nach Amerika gezogen sind. Naja, als Kind habe ich mich auch nicht für Altenheime interessiert.
Ich freue mich schon auf morgen, wenn ich wieder nach meinem Mädchen sehen darf. Dann winke ich ihr mal zu. Ganz bestimmt winke ich ihr zu! Und vielleicht besucht sie mich dann doch einmal.

7. **Hinweis zu a:** *Das Bild zeigt eine Möglichkeit, wie alte und junge Menschen eben doch etwas miteinander zu tun haben könnten. Aus der Zusammenarbeit ziehen beide Seiten einen Vorteil. Schreibe zunächst ein bis zwei Sätze darüber, was allgemein in der Karikatur dargestellt ist, und beschreibe dann Einzelheiten. Gehe auch auf den Text in der Sprechblase ein.*
   Zu b: *Bei dieser Aufgabe helfen dir eigene Erfahrungen und Beobachtungen aus verschiedenen Lebensbereichen. In der eigenen Familie, im Freundeskreis, aber auch in den Medien findest du zahlreiche Beispiele für die gegenseitige Unterstützung von Jung und Alt. Am besten du notierst deine Ideen zunächst auf einem Extrablatt und wählst anschließend die drei Beispiele aus, zu denen dir am meisten einfällt.*

   a) Die Karikatur zeigt, dass die Aussage, Jung und Alt hätten heutzutage nur noch wenig Kontakt miteinander, nicht allgemeingültig ist. Im Bild ist nämlich ein Beispiel für eine gelungene Zusammenarbeit der unterschiedlichen Altersgruppen dargestellt. Links sieht man einen älteren Herrn, der in einem Sessel sitzt und die Stirn in tiefe Falten gelegt hat. Auf seinen Knien ruht ein Laptop. Ganz offensichtlich hat er Schwierigkeiten beim Bedienen des Geräts, denn er hat überlegend einen Finger auf die Lippen gelegt. Dass er trotz seiner Probleme lächelt, liegt vermutlich an dem Vorschlag des Jungen, der rechts neben ihm steht. Dieser wäre bereit, ihm den Computer zu erklären, wenn der ältere Mann ihm bei der Hausaufgabe helfen würde. Der Junge trägt einen Ordner, ein Buch und einen Stift unter dem linken Arm, während er mit der rechten Hand eine einladende Geste macht.

b) Es gibt viele Möglichkeiten, wie sich Jung und Alt sinnvoll gegenseitig unterstützen und wie sie das Leben des jeweils anderen bereichern können. So ist es eine Erleichterung für ältere Menschen, wenn ihnen Einkäufe und Botengänge abgenommen werden. Viele Senioren sind durch eine Gehbehinderung oder eine Erkrankung geschwächt und eingeschränkt. Sie haben deshalb Probleme beim Gehen und beim Tragen schwerer Einkaufstüten. Die ältere Generation kann den jungen Leuten aber auch helfen. Ihre Erfahrungen im Umgang mit Schicksalsschlägen können sie beispielsweise dazu einsetzen, junge Menschen, die sich gerade in einer Krise befinden, zu trösten und ihnen Mut zuzusprechen.

Alte Menschen können zudem einen Einblick in frühere Jahre geben. Wenn heute eine Großmutter ihren Enkeln von der Zeit erzählt, in der es noch kein Internet und kein Handy gab, veranschaulichen ihre kleinen Geschichten die Lebensumstände dieser Zeit vermutlich besser als jeder Geschichtsunterricht. Häufig wird den jungen Menschen dann erst klar, wie gut sie es heute haben und wie sehr sie das schätzen sollten. Oft wecken diese Erzählungen auch ein Verständnis für Ansichten und Verhaltensweisen alter Menschen, die vorher nicht nachvollziehbar waren. Die Enkel können ihren Großeltern im Gegenzug erklären, wie moderne Kommunikationsgeräte funktionieren. Die schier unbegrenzten Möglichkeiten, heutzutage miteinander in Kontakt zu treten, überfordern die älteren Generationen oft, sodass sie sich von diesem technischen Fortschritt ausgeschlossen fühlen. Wenn sich jüngere Leute aber die Zeit nehmen, um älteren Menschen neue technische Geräte zu erklären, können diese auch an der modernen Kommunikation teilnehmen.

Ein besonders gutes Beispiel für eine gelungen Zusammenarbeit zwischen Jung und Alt stellen Mehrgenerationenhäuser dar. Obwohl die Generationen in getrennten Wohnungen leben, können sie sich trotzdem auf die Hilfe ihrer Hausmitbewohner verlassen. Die Senioren pflegen z. B. den gemeinsamen Garten oder passen auf die Kinder auf, während die Eltern in der Arbeit sind. Umgekehrt sind die älteren Menschen in die Hausgemeinschaft eingebunden und nehmen an Grillabenden und Festen teil oder sind dabei, wenn man einfach zusammensitzt und redet. Sollte einer der älteren Bewohner krank werden oder keine Besorgungen mehr machen können, ist immer jemand von den jungen Leuten in der Nähe und gerne zur Hilfe bereit.

Teil B: Text 2

1. *Hinweis:* Lies den Text zunächst aufmerksam durch. Fasse dann jeden Textabschnitt stichpunktartig am Rand zusammen. Beginne die Zusammenfassung des Inhalts mit einem einleitenden Satz, der über Textsorte, Titel, Autor und Quelle informiert. Sage außerdem, worum es allgemein im gesamten Text geht. Anschließend fasst du die wesentlichen Inhalte des Zeitungsartikels zusammen. Nutze dazu deine Notizen und achte darauf, im Präsens zu formulieren. Damit du dich nicht in Details verlierst, solltest du jeden Textabschnitt vorher noch einmal lesen.

In der Reportage „Deutschlands fleißige Kids", die am 15. Juli 2012 in der Frankfurter Allgemeinen Sonntagszeitung erschienen ist, lenkt die Autorin Gerlinde Unverzagt die Aufmerksamkeit des Lesers auf ein Thema, das die Meinungen spaltet: Erwerbstätigkeit von Kindern in Deutschland. Dabei lässt sie sowohl Befürworter als auch Gegner der Kinderarbeit zu Wort kommen.

Am Beispiel des 14-jährigen Robert zeigt die Autorin wie Kinderarbeit in Deutschland normalerweise aussieht: Um eine zusätzliche Einnahmequelle zum Taschengeld zu haben, werden z. B. Zeitungen und Prospekte ausgetragen. Dass man diese Tätigkeit als Kinderarbeit bezeichnen kann, scheint ungewöhnlich, denn mit Blick auf die teils unmenschlichen Bedingungen der Kinderarbeit in Entwicklungsländern, stellt sie sich in Deutschland eher wie ein angenehmer Ausgleich dar. Das liegt daran, dass die Beschäftigung von Kindern in Deutschland streng geregelt ist. So dürfen Kinder unter 13 Jahren gar nicht arbeiten, und im Alter zwischen 13 und 15 Jahren gibt es genaue gesetzliche Vorgaben für die Dauer und Art der möglichen Erwerbstätigkeiten. Während die Kinder stolz auf ihre Arbeit und die Entlohnung sind und ihre Eltern sie in diesem Gefühl bestärken, beklagen sich Kinderschützer empört über die Profitgier der Arbeitgeber und berufen sich dabei auf das Jugendschutzgesetz. Im letzten Absatz des Artikels zieht die Autorin ein Fazit: Kinderarbeit in Deutschland hat viele gute Seiten und wird von den Kindern selbst in der Regel auch positiv gesehen. Allerdings müsste die Einhaltung der gesetzlichen Vorgaben besser kontrolliert werden.

2. *Hinweis:* Du sollst den vorgegebenen Wörtern die entsprechenden Fremdwörter aus dem Text zuordnen. Lies den Text dazu noch einmal aufmerksam durch und markiere alle Fremdwörter. Vielleicht kannst du nach diesem Schritt einige von ihnen schon den deutschen Begriffen zuordnen. Wenn du unsicher bist oder die Bedeutung eines Fremdwortes nicht kennst, kann dir der Duden eine Hilfe sein, weil er die Bedeutung von Fremdwörtern angibt. Beachte aber, dass ein Wort manchmal mehrere Bedeutungen haben kann. Der Textzusammenhang spielt dann eine entscheidende Rolle.

   a) vormerken, belegen – reservieren (vgl. Z. 21)
   b) höchstens – maximal (vgl. Z. 48)
   c) nicht beachten – ignorieren (vgl. Z. 95)
   d) Werbeschrift, Beilage – Prospekt (vgl. Z. 37)

3. *Hinweis:* Lies den Text abschnittweise durch und notiere vier Tätigkeiten stichpunktartig. Achte aber darauf, dass es ausschließlich Beispiele für Kinderarbeit in Deutschland sind.

   Mögliche Tätigkeiten:
   - Zeitungen, Prospekte austragen (vgl. Z. 37, Z. 46/47)
   - Hunde ausführen, Gassi gehen (vgl. Z. 36/37, Z. 45)
   - auf Kinder aufpassen (vgl. Z. 36, Z. 45)
   - Rasen mähen (vgl. Z. 45/46)
   - Nachhilfestunden geben (vgl. Z. 58)
   - Botengänge erledigen (vgl. Z. 59)
   - Medikamente ausliefern (vgl. Z. 59/60)

4. *Hinweis:* Die Aufgabe stellt dir frei, wie du deine Lösung darstellen willst. Am besten wählst du die Form, mit der du schon viel Erfahrung hast. Der Text liefert dir Informationen über die Kinderarbeit in Deutschland und in Entwicklungsländern. Zwei davon musst du einander gegenüberstellen. Du darfst auch eigene Ideen und Einfälle einbringen.

Tabelle:

	Kinderarbeit	
	Deutschland	**Entwicklungsländer**
Zweck, Ziel	Taschengeld aufbessern	Überleben der Familie sichern
Einstellung zur Arbeit	freiwillig	sind gezwungen
Art der Arbeit	einfache Tätigkeiten	schwere Arbeit im Bergbau, in Fabriken oder auf dem Feld
Arbeitsdauer	begrenzt auf wenige Stunden	lange Arbeitstage
Entlohnung	verhältnismäßig gut	schlecht, unangemessen

Cluster:

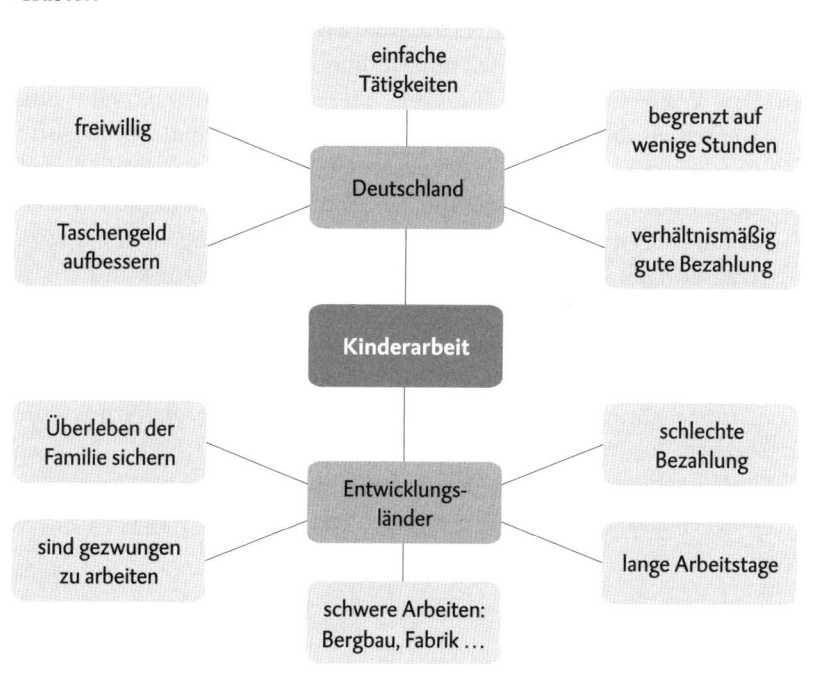

Deutschland
- einfache Tätigkeiten
- freiwillig
- Taschengeld aufbessern
- begrenzt auf wenige Stunden
- verhältnismäßig gute Bezahlung

Kinderarbeit

Entwicklungsländer
- Überleben der Familie sichern
- sind gezwungen zu arbeiten
- schwere Arbeiten: Bergbau, Fabrik …
- schlechte Bezahlung
- lange Arbeitstage

5. **Hinweis:** Zunächst liest du dir die Auszüge aus dem Jugendarbeitsschutzgesetz (Abb. 2) aufmerksam durch und markierst alle Stellen, die sich auf 14-Jährige beziehen. Danach wählst du drei Einschränkungen aus und überlegst dir passende Beispiele aus der Arbeitswelt. Hier greifst du am besten auf deine bisherigen Erfahrungen zurück, die du beispielsweise während der Praktika oder während verschiedener Erwerbstätigkeiten gemacht hast.

Die Möglichkeiten für 14-Jährige, eine Erwerbstätigkeit auszuüben, sind durch §2 und §5 des Jugendarbeitsschutzgesetzes eingeschränkt. Das liegt daran, dass 14-Jährige laut Gesetz noch Kinder sind, die vor Ausbeutung geschützt werden müssen. Deshalb ist ihre Beschäftigung durch gewisse Vorgaben geregelt, die die Umstände, die Dauer und den Zeitpunkt der Tätigkeit betreffen.

So scheiden z. B. alle Arbeiten aus, die die Sicherheit, Gesundheit und Entwicklung der Kinder gefährden. Das bedeutet: Auch wenn ein 14-Jähriger gerne in einer Kfz-Werkstatt bei der Reparatur eines Autos helfen würde, ist dies ausgeschlossen. Sich bewegende Hebebühnen, ein- und ausfahrende Autos, gefährliche und schwere Werkzeuge oder Bauteile stellen ein Risiko für die Sicherheit und Gesundheit dar.

Des Weiteren darf die Tätigkeit nur zu bestimmten Zeiten ausgeübt werden. Es darf weder vor noch während des Schulunterrichts gearbeitet werden und auch nicht in der Zeit zwischen 18 und 8 Uhr. Daraus folgt: Eine 14-Jährige, die gerne vor der Schule als Postbotin arbeiten würde, könnte dies nicht tun, weil ihre Arbeit dann vor dem Unterricht wäre und weil sie dann vermutlich auch noch zu spät in die Schule käme.

Ebenso scheiden Tätigkeiten aus, die einen 14-Jährigen mehr als zwei Stunden täglich in Anspruch nehmen. Dazu gehören z. B. Arbeiten als Erntehelfer. Als Spargelstecher beispielsweise fährt man meist in der Gruppe mit einem Traktor zu abgelegenen Feldern und erntet dort den ganzen Tag Spargel. Der 14-Jährige müsste aber nach zwei Stunden das Arbeiten einstellen und den anderen dann stundenlang beim Spargelstechen zusehen oder sich von seinen Eltern abholen lassen.

6. ✏ **Hinweis:** In dieser Aufgabe sollst du zum Thema „Sollte die Erwerbstätigkeit von Schülern grundsätzlich verboten werden?" Stellung nehmen. Dazu musst du zuerst einmal darstellen, welche Position du vertreten willst. Bist du für oder gegen ein solches Verbot? Du musst deine Meinung dann mithilfe stichhaltiger Argumente begründen. Dabei kannst du dich auf den Artikel „Deutschlands fleißige Kids" beziehen. Denke daran, dass ein Argument immer aus Behauptung, Begründung und Beispiel bestehen sollte. Am besten legst du dir auf einem Extrablatt eine Tabelle an, in der du Argumente für, aber auch gegen deine Meinung einträgst. Nutze dazu die Informationen aus dem Text und bringe zusätzlich eigene Erfahrungen und Ideen ein. Lege dann eine Reihenfolge für die Argumente fest, die deine Meinung unterstützen. Stelle das aussagekräftigste Argument an den Schluss. Besonders gelungen ist die Stellungnahme, wenn du zuerst ein Gegenargument ansprichst und entkräftest.
Eine andere Möglichkeit wäre es, dialektisch vorzugehen. Dann führst du zuerst alle Argumente der Gegenseite an, wobei du das wichtigste von ihnen zuerst ausformulierst. Danach folgen die Argumente der Seite, die du unterstützen möchtest. Führe hier das wichtigste Argument zuletzt an, damit es dem Leser länger im Gedächtnis bleibt.

In ihrem Artikel „Deutschlands fleißige Kids" lässt die Autorin Gerlinde Unverzagt sowohl Stimmen für als auch gegen die Erwerbstätigkeit von Schülern zu Wort kommen. Da ich selbst noch Schüler bin und deshalb aus eigener Erfahrung sprechen kann, bin ich gegen ein Verbot der Erwerbstätigkeit von Schülern. Neben einer zusätzlichen Einnahmequelle zum Taschengeld bietet das Ausüben eines Nebenjobs nämlich viele weitere Vorteile, die dadurch verloren gehen würden.	**Einleitung** Hinführung und Meinungsäußerung: gegen Verbot der Erwerbstätigkeit
Gegner der Erwerbstätigkeit von Schülern geben zwar zu bedenken, dass profitgierige Arbeitgeber die Kinder als billige Arbeitskräfte einsetzen könnten, und weisen darauf hin, dass eine konsequente Kontrolle der Einhaltung des Jugendarbeitsschutzgesetzes nicht gegeben sei.	**Hauptteil Gegenargument** Mögliche Ausbeutung durch profitgierige Arbeitgeber
Dabei lassen sie aber außer Acht, dass Kinderarbeit in Deutschland immer auf einer freiwilligen Basis und nur mit Einverständniserklärung der Eltern stattfindet. Das hat zur Folge, dass unangemessen bezahlte Arbeiten von den Schülern meist gar nicht erst angenommen werden. Weiterhin können Eltern durch diese Regelung auch Tätigkeiten ausschließen, die Schülern zwar Spaß machen würden, die aber nicht kindgerecht sind wie beispielsweise die Arbeit in einer Kfz-Werkstatt.	**Entkräftung** Ausbeutung unwahrscheinlich → Einverständnis der Eltern nötig → Schüler müssen Arbeit zustimmen

Neben dem offensichtlichen Vorteil für Schüler, eigenes Geld zu verdienen, hat ein Nebenjob aber auch viele weitere positive Aspekte. Er kann den Kindern und Jugendlichen z. B. einen ersten Einblick in die Arbeitswelt verschaffen. Im Grunde unterscheidet sich ein Nebenjob nämlich von den Berufspraktika, die von den Schulen gefördert werden, nur dadurch, dass man für die verrichtete Arbeit auch Geld bekommt. Wenn man als Schüler nebenbei beispielsweise als Verkäufer arbeitet, lernt man den höflichen und zuvorkommenden Umgang mit Kunden.

1. Argument für Erwerbstätigkeit von Schülern
Nebenjob liefert ersten Einblick in Arbeitswelt
→ Erfahrungen vergleichbar mit Praktika: Umgang mit Kunden als Verkäufer lernen

Ein weiterer, positiver Nebeneffekt der Erwerbstätigkeit von Schülern ist die Tatsache, dass sie so den sinnvollen Umgang mit Geld lernen. Geld, das man durch eigene Anstrengung und Arbeit verdient hat, gibt man nicht so schnell aus wie geschenktes Geld. Eine Schülerin, die z. B. für ihr Geld Ställe auf einem Reiterhof ausmisten muss, wird beim Einkaufen überlegter vorgehen. Sie weiß genau, wie anstrengend es ist und wie lange es dauert, bis sie einen bestimmten Betrag verdient hat. So kauft sie mit Sicherheit nur Kleidungsstücke ein, die sie wirklich unbedingt haben will.

2. Argument für Erwerbstätigkeit von Schülern
Nebenjob fördert sinnvollen Umgang mit Geld
→ selbstverdientes Geld wird überlegter ausgegeben: maßvolleres Verhalten beim Einkaufen

Der wohl wichtigste Vorteil ist aber, dass eine frühe Erwerbstätigkeit Kinder und Jugendliche dazu anleitet, selbstständiger und unabhängiger zu werden. Sie lernen, ihre Aufgaben pflichtbewusst zu erfüllen, ohne dass Eltern oder Lehrer sie darauf hinweisen müssen. Sie versuchen, sich ihre Zeit selbst sinnvoll einzuteilen, denn Schule und Nebenjob müssen unter einen Hut gebracht werden, ohne dass die Schulleistungen darunter leiden. In der Regel ist das nämlich die Voraussetzung, damit die Eltern ihr Einverständnis zur Erwerbstätigkeit geben. So legt sich ein Zeitungsausträger, bevor er losgeht, normalerweise eine zeitsparende Route fest, auf der er an allen Briefkästen vorbeikommt. Am Nachmittag hat er dadurch ausreichend

3. Argument für Erwerbstätigkeit von Schülern
Erwerbstätigkeit erzieht zu mehr Selbstständigkeit
→ Schüler lernen pflichtbewusst zu handeln und Zeit sinnvoll einzuteilen:
Zeitungsausträger legt sich zeitsparende Route zurecht

Zeit, die Hausaufgaben zu erledigen und sich für den nächsten Schultag vorzubereiten.

Eine Erwerbstätigkeit bietet den Schülern somit entscheidende Vorteile im Hinblick auf Schule und Berufswahlvorbereitung. Nicht zuletzt steigert das Wissen, selbst etwas geplant und erfolgreich durchgeführt zu haben, das Selbstwertgefühl der jungen Leute. Aber auch das Lob und die Anerkennung der Eltern stellen wichtige positive Erfahrungen dar.

Schluss
Bekräftigen der eigenen Meinung

7. **Hinweis:** *Bei dieser Aufgabe musst du treffende Argumente für das selbstlose Übernehmen von Ehrenämtern finden. Hier kannst du sicher auf eigene Erfahrungen zurückgreifen. Am besten du notierst dir die Thesen mit den dazugehörigen Begründungen und Beispielen zunächst auf einem Extrablatt und wählst anschließend die aussagekräftigsten davon aus.*

Jugendlichen wirft man häufig vor, dass sie keine klaren Ziele hätten und sich um Verantwortung drücken würden. Das trifft aber nicht auf alle zu. Viele junge Menschen engagieren sich ohne Bezahlung in Vereinen und gemeinnützigen Einrichtungen. Die Gründe hierfür sind vielfältig.

Einleitung
Hinführung zum Thema und Klärung des Begriffs „Ehrenamt"

Schüler lassen sich auf eine ehrenamtliche Mitarbeit ein, weil sie die Gemeinschaft mit Gleichgesinnten in einem Verein schätzen. So können Freundschaften zwischen Menschen ganz unterschiedlichen Alters entstehen. Ein Rentner und ein Jugendlicher, die ansonsten vielleicht nicht viel miteinander zu tun hätten, schließen Freundschaft, weil sich beide im Verein oder einer gemeinnützigen Organisation für die gleichen Ziele einsetzen. So arbeiten beispielsweise beim Roten Kreuz oft Jung und Alt zusammen. Die Älteren geben so ihre Erfahrungen an die nächste Generation weiter, während die Jüngeren in bestimmten Situation schneller handeln können.

Hauptteil
1. Grund
Gemeinschaft und Freundschaft erleben

Auch die Wertschätzung, die man durch ehrenamtliche Arbeit erfährt, kann ein Beweggrund sein. Die Jugendlichen übernehmen freiwillig Verantwortung und helfen anderen. Diese Leistung wird mit Anerkennung in

2. Grund
Gutes für andere Menschen tun und dafür Wertschätzung erhalten

der Gesellschaft entschädigt. Ein Jugendlicher, der z. B. im Rahmen seiner Arbeit als freiwilliger Feuerwehrmann ein kleines Kind rettet, darf sich sicher sein, mit dem Dank und der Wertschätzung der Eltern belohnt zu werden.

Der Vermerk ehrenamtlicher Tätigkeiten im Lebenslauf hat außerdem einen positiven Nebeneffekt auf die Chancen, einen Ausbildungsplatz zu finden. Jugendliche, die ihre Freizeit für eine gemeinnützige Arbeit geopfert haben, werden von möglichen Arbeitgebern als verantwortungsbewusst und hilfsbereit eingeschätzt. Solche Fähigkeiten sind in beinahe jedem Beruf unerlässlich und stellen ein wichtiges Einstellungskriterium dar. Ein junges Mädchen, das z. B. seine Freizeit dafür aufwendet, eine Kinderfußballmannschaft zu trainieren, sammelt dabei wichtige Erfahrungen im Umgang mit Kindern und lernt, sich durchzusetzen. Bei einer Bewerbung um einen Ausbildungsplatz als Erzieherin wirkt sich diese ehrenamtliche Tätigkeit sicher gut auf die Einstellungschancen aus.

3. Grund
Lebenserfahrung gewinnen und Lebenslauf anreichern

Der selbstlose Einsatz der ehrenamtlichen Mitarbeiter kommt also sowohl bedürftigen Menschen als auch den Mitarbeitern selbst zugute. Deshalb ist es besonders wichtig, dass sich junge Menschen von diesem Gedanken anstecken lassen.

Schluss
Ehrenämter – eine tragende Säule

B Qualifizierender Abschluss der Mittelschule – Deutsch 2014   2014-1

Abschlussprüfung 2014

Teil A: Rechtschreibung I

Hinweis: Nach dem Diktieren hast du noch einmal **zehn Minuten** Zeit, um deinen Text mithilfe der gelernten Rechtschreibstrategien und durch Nachschlagen im Wörterbuch zu überarbeiten. Für jeden Fehler wird dir ein Punkt abgezogen. Für fehlende Satzzeichen, Umlautzeichen und i-Punkte wird je ein halber Punkt abgezogen. Falsche, fehlende oder nicht eindeutig lesbare Wörter sowie Trennungsfehler gelten als ganze Fehler. Wiederholungsfehler und mehrere Fehler in einem Wort werden nur einmal als Fehler gewertet.

Ein Weg aus der Armut

In allen Großstädten Brasiliens gibt es Armenviertel, / in denen die meisten Familien / am Rande des Existenzminimums leben. / Arbeitsplätze für Jugendliche sind kaum zu finden. / Chancen bietet der Tourismus, / weil es durch die Fußballweltmeisterschaft* 2014 / in diesem Bereich einen verstärkten Bedarf / an Arbeitskräften geben wird. / Die Ausbildung dauert sechs Monate / und wird in Vor- und Nachmittagskursen durchgeführt. / Neben den fachlichen Fertigkeiten / stellen Arbeitssicherheit, Sozialverhalten und Persönlichkeitsentwicklung / wichtige Lerninhalte dar. *(73 Wörter)*

*****Korrekturhinweis:** „Fußballweltmeisterschaft" oder „Fußball-Weltmeisterschaft" möglich.

Teil A: Rechtschreibung II

1. **Hinweis:** Beim ersten Wort führt dich die Trennung zur richtigen Lösung. Es handelt sich um ein zusammengesetztes Substantiv mit einem Fugen-s zwischen den beiden Teilwörtern. Beim zweiten Wort mit Doppelkonsonant musst du darauf achten, ob der vorausgehende Vokal kurz oder lang gesprochen wird. Nach einem kurz gesprochenen Vokal, wie in diesem Fall, wird der folgende Konsonant verdoppelt („ll").
Für jede richtig angekreuzte Lösung gibt es einen Punkt. Kreuzt du bei einem Beispiel mehr als eine Strategie an, werden null Punkte vergeben.

Beispielwörter	Lösungsstrategie
Arbeitssicherheit	☐ Ich suche ein verwandtes Wort.
	☒ Ich trenne das Wort.
	☐ Ich achte auf die Endung.
	☐ Ich bilde das Präteritum.

Fußball	☒ Ich achte auf den vorangehenden Vokal.
	☐ Ich bilde die Steigerungsform.
	☐ Ich überprüfe die Wortart.
	☐ Ich führe die Artikelprobe durch.

2. ✎ **Hinweis:** Im ersten Satz steckt eine Aufzählung, deshalb folgt nach dem Wort „Denken" ein Komma. Der Satz wird mit einem Punkt abgeschlossen. Anschließend folgt eine wörtliche Rede. Nach dem Begleitsatz wird ein Doppelpunkt gesetzt. Die direkte Rede beginnt mit Anführungszeichen unten und endet nach dem Punkt mit Anführungszeichen oben. Der sich anschließende Aussagesatz endet mit einem Punkt.
Jedes richtig gesetzte Satzzeichen ergibt einen halben Punkt. Wenn du mehr als sechs Satzzeichen setzt, wird dir für jedes zusätzliche Satzzeichen ein halber Punkt abgezogen. Die geringste Punktzahl ist 0.

Der Fußballer Diego wurde nach dem Denken**,** Fühlen und Handeln der Jugend des größten lateinamerikanischen Landes gefragt**.** Er sagte dazu**:** **„**Brasiliens junge Menschen sind konservativer als häufig angenommen.**"** Die Shell-Jugendstudie 2013 bestätigt seine Aussage**.**

3. ✎ **Hinweis:** Der Artikel am Satzanfang wird großgeschrieben, ebenso das nachfolgende Nomen „Mischung". Die Wörter „Armut", „Hunger", „Gewalt" und „Kinder" können in dieser Aufzählung mit der Artikelprobe als Nomen erkannt werden. Beim Wort „Verzweiflung" ist die Endung „-ung" ein Signal für die Großschreibung. Das Verb „Verlassen" wird hier als Nomen gebraucht (vgl. Signalwort „zum") und damit großgeschrieben. Bei „Elternhauses" erkennst du am Possessivpronomen „ihres", dass es sich um ein Nomen handelt.
Je Fehler wird 1 Punkt abgezogen. Das gilt auch für Abschreibfehler. Für fehlende Satzzeichen, Umlautzeichen oder i-Punkte werden je 0,5 Punkte abgezogen. Minuspunkte gibt es nicht.

Die **M**ischung aus extremer **A**rmut, **H**unger, **G**ewalt und menschlicher **V**erzweiflung zwingt **K**inder immer wieder zum **V**erlassen ihres **E**lternhauses.

4. ✎ **Hinweis:** Lies langsam und sieh dir jedes Wort genau an. Korrigiere den Text mithilfe der gelernten Rechtschreibstrategien. Wenn du dir bei der Schreibung einzelner Wörter unsicher bist, schlage sie auch im Wörterbuch nach.
Im Wort „selbstverständlich" steckt das Wort „Verstand". Die Konjunktion „dass" wird mit „ss" geschrieben und im Verb „betteln" folgt die Konsonantenverdopplung auf den kurzen, betonten Vokal. Ebenso folgt das „tz" im Wort „unterstützen" auf das kurze „ü".
Jedes richtige Wort wird mit einem halben Punkt bewertet. Werden mehr als vier Wörter notiert, wird für jede falsche Lösung ein halber Punkt abgezogen. Es gibt keine Minuspunkte.

Viele Menschen in Brasilien sind sehr arm und leben unter dem Existenzminimum. Daher ist es für diesen Teil der Bevölkerung a)<u>selbstverständlich</u> und notwendig, b)<u>dass</u> auch die Kinder spätestens mit zehn Jahren arbeiten oder c)<u>betteln</u>, um ihre Familie finanziell zu d)<u>unterstützen</u>.

Teil B: Text 1

1. ✏ **Hinweis:** *Du musst den Text sehr aufmerksam lesen, um den Inhalt in nur wenigen Sätzen wiedergeben zu können. Orientiere dich an den Abschnitten und markiere Stellen, an denen ein neuer Gedanke beginnt. Fasse dann die Schlüsselstellen zusammen. Damit du dich nicht in Details verlierst, solltest du größere Textabschnitte mehrmals lesen. Schreibe im Präsens.*

In der vorliegenden Erzählung „Verbannung" von Martin Selber lässt der Autor den Leser an den Sorgen und Ängsten des Ich-Erzählers teilhaben, einem Jugendlichen, der mit seinen Eltern von der Stadt aufs Land zieht. Der Junge lehnt diese Veränderung zunächst ab, schließlich wendet sich das Blatt aber doch zum Guten.

Die Hauptperson belastet der Umzug aus der Stadtwohnung in das neue Haus auf dem Land. Der Junge fühlt sich vollkommen unglücklich, weil er glaubt, dass er dort viele liebgewonnene Gewohnheiten aufgeben muss: Sein bester Freund Kutte ist weit weg, es gibt keine Ausgehmöglichkeiten und die Treffen mit Freunden sind ebenfalls nicht mehr möglich. Darüber hinaus muss er mit dem Bus in die Schule fahren. Das Land ist für den Ich-Erzähler ein Ort, an dem nur alte Menschen wohnen, die ihre Ruhe wollen.

Er sieht aber ein, dass das neue, schöne Eigenheim auch Vorteile mit sich bringt: Seine Eltern müssen dort keine Miete mehr zahlen und er kann laute Musik hören, ohne Beschwerden von Nachbarn zu riskieren. Trotzdem ist für ihn der Umzug auf das Land gleichbedeutend mit einer Verbannung auf eine einsame Insel.

Erst sein bester Freund Kutte, der überraschend auftaucht und alles „astrein" und „super" findet, reißt den Ich-Erzähler aus seinem Stimmungstief. Kutte macht ihm klar, dass dieser Ortswechsel ein wahrer Glücksfall ist und die Hauptperson stolz auf das neue Haus sein sollte. Gemeinsam statten sie der Dorfdisco einen Besuch ab und werden herzlich in die dortige Clique aufgenommen. Besonders Heidi gefällt dem Ich-Erzähler und so sind seine belastenden Gedanken schnell verschwunden. Die „Verbannung" auf das Land sieht er nun eher als Chance.

2. ✏ **Hinweis zu a:** Der Ich-Erzähler stellt die für ihn vermeintlichen Nachteile des Umzugs den Vorteilen direkt gegenüber. *So dürfte es dir nicht schwerfallen, zwei Gewohnheiten zu finden, die er vermissen wird. Notiere sie in Stichworten.*
Zu b: *Aus dem Umzug erwachsen für den Ich-Erzähler und seine Eltern aber auch nachprüfbare Verbesserungen gegenüber der Stadtwohnung. Zitiere zwei davon und achte auf die richtige Zeichensetzung.*

a) Mögliche Stichworte:
- einen Klub besuchen
- ins Kino gehen
- in die Disco gehen
- abends am Körnerpark Freunde treffen
- den besten Freund Kutte treffen
- kürzerer Schulweg, statt langer Busfahrt dorthin

b) Mögliche Textstellen:
- „Klar, mein neues Zimmer ist schöner als mein altes in der Stadt." (Z. 15/16)
- „Ich könnte meine Anlage aufdrehen, dass der Putz abfällt, und kein Nachbar würde gegen die Wand klopfen." (Z. 16–19)
- „Klar, es ist ein schönes Haus da draußen, [...]" (Z. 19/20)
- „Hier in der Stadt klettern die Mieten ins Unendliche und da draußen würden wir unsere eigenen Herren sein." (Z. 27–30)
- „Klar, das Land ist hübsch, [...]" (Z. 36)

3. ✏ **Hinweis:** *Sprachliche Bilder dienen dazu, bestimmte Aussagen für den Leser anschaulicher zu machen. Dabei steht der wörtlichen Bedeutung immer eine übertragene gegenüber, die du erklären sollst. Das Leben auf einer einsamen Insel kannst du dir sicher gut vorstellen. Führe dir dann die in der zweiten Aufgabe angesprochenen Entbehrungen, die sich der Ich-Erzähler ausmalt, noch einmal vor Augen.*

Das Leben auf einer einsamen Insel macht einen Gestrandeten in gewisser Weise zum Gefangenen. Er ist einsam, weit weg von jeder Zivilisation, ohne die gewohnten Freunde und Annehmlichkeiten und nur umgeben von Wasser. Eine solche Situation macht mutlos und raubt jede Hoffnung. Auch der Ich-Erzähler fühlt sich wie ein Gestrandeter auf einer einsamen Insel. Mit dem Umzug aufs Land verknüpft er nur Nachteile: Sein Freund Kutte, Gewohnheiten, wie Disco- und Kinobesuche oder Freunde treffen – alles scheint ihm verloren. Einsam, mitten im Nichts und ohne Chance, der Abgeschiedenheit entkommen zu können, fühlt er sich isoliert und wie ein Gefangener, der auf eine Insel verbannt wurde.

4. **Hinweis:** *Versetze dich in die Lage des Ich-Erzählers, um die Textstelle zu entdecken, an der er seine Zukunft auf dem Land nicht mehr ganz so schwarz sieht. Achte darauf, dass du die Darstellung des Wendepunkts und die sich daraus ergebenden Veränderungen beschreiben musst.*

Die Wende überrascht den mutlosen Ich-Erzähler wortwörtlich im Schlaf. Das ersehnte Pfeifen seines besten Freundes weckt ihn auf und nur allmählich wird ihm klar, dass er nicht mehr träumt, sondern Kutte tatsächlich vor dem Haus steht. Das ändert alles!

Kutte schätzt die neue Lage seines Freundes sehr positiv ein, er beglückwünscht und beneidet ihn sogar. Für ihn ist das Zimmer im neuen Haus eine „astreine Bude". Die gute Busanbindung in die Stadt und das hübsche Dorf, das sogar eine Disco zu bieten hat, begeistern Kutte. Seine Schwärmerei färbt schließlich auf den Ich-Erzähler ab und er lässt sich zu einem Discobesuch überreden. Der Discoabend, die Einladung zum Treffen der Dorfjugend beim Eiscafé, die nette Aufnahme in die Clique und Heidi – die Zukunft auf dem Land erscheint ihm nach Kuttes Besuch nun wesentlich besser.

Hinweis: *Es wäre auch möglich, den Discobesuch als Wendepunkt anzusehen.*

5. **Hinweis:** *Mit dem neuen, veränderten Lebensabschnitt des Ich-Erzählers hast du dich schon intensiv auseinandergesetzt. Nimm dir jetzt den Refrain aus dem Lied „Starte durch" der Gruppe „Wise Guys" vor. Lies jede Zeile aufmerksam und denke darüber nach. Wenn du die einzelnen Zeilen des Refrains nummerierst, kannst du im Text die passenden Stellen mit den gleichen Nummern kennzeichnen. Formuliere dann jeweils einen sinnvollen Bezug zwischen einer Textstelle aus Material 1 und der Situation des Ich-Erzählers.*

Das Lied „Starte durch" von den Wise Guys lässt den Ich-Erzähler am Abend in der Disco aufhorchen. Vor allem der Refrain ist es, der ihm nicht mehr aus dem Kopf geht. Die einzelnen Liedzeilen passen einfach genau zu seiner aktuellen Situation.

Wenn es dort heißt „Starte durch in eine neue Zeit!" klingt das für ihn wie eine Aufforderung, sich auf das Leben im neuen Haus und in der neuen Umgebung einzulassen.

Am Umzugstag beginnt, das ist ihm jetzt klar, ein aufregender neuer Lebensabschnitt, der lange dauern wird und in dem sich der Ich-Erzähler weiterentwickeln wird, wie es auch im Refrain mit dem Satz „Heut' beginnt der Rest deiner Ewigkeit" zum Ausdruck gebracht wird.

Der Junge muss nun „durchstarten in die Zeit seines Lebens". „Schau nicht mehr zurück – es wär' sowieso vergebens" singen die Wise Guys und der Ich-Erzähler sieht es als Ermahnung an, nicht ununterbrochen dem Altbekanntem nachzutrauern, das er sowieso nicht zurückholen kann. Er muss und will sich stattdessen auf das neue Leben einlassen.

6. **Hinweis:** *Bei dieser Aufgabe kannst du dich zwischen zwei Aufgabenstellungen entscheiden, die jeweils einen persönlichen Brief von dir fordern. Du kannst deine Gedanken ruhig ein wenig schweifen lassen. Allerdings ist es wichtig, dass du dich in den Ich-Erzähler oder in Heidi hineinversetzt, dir vorstellst, du befindest dich jetzt an seiner/ihrer Stelle. Beachte, dass die Begegnung „aufregend"/„aufwühlend" gewesen sein soll.*

Brief an Kutte:

Lieber Kutte, 26. Juni 2014

wenn du jetzt annimmst, dass mir das Leben auf dem Land doch irgendwie geschadet hat, weil ich dir einen Brief und keine SMS schreibe, kann ich es dir nicht verübeln. Aber die Angelegenheit ist so kompliziert – das muss ich dir ausführlicher erklären.

Gestern stieg ich vollkommen entspannt in den Schulbus, ließ mich in den erstbesten Sitz fallen – und erstarrte. Mir gegenüber saß nämlich Heidi, das Mädchen aus der Disco. Du weißt doch, wie schüchtern und gehemmt ich gegenüber Mädchen bin. Ich brachte nur ein „Hallo" hervor, das sie auch lächelnd erwiderte. Mir wurde total heiß und ich lief rot an. Sie vertiefte sich gleich wieder in ihr Buch. Ich holte schnell ein Heft aus der Tasche und merkte erst beim Aufschlagen, dass es leer war. Ich hatte es mir erst vor ein paar Tagen auf Reserve gekauft. Zumindest hatte ich aber jetzt ein bisschen Deckung. Mann, ist die hübsch! Vorsichtig habe ich über den Heftrand geguckt. Blonde Haare mit Löckchen, die ich immer schon mochte, Grübchen in den Wangen und ein winziges Skorpion-Tattoo am Handgelenk. Es war mir schlagartig klar, dass sie mein Leben verändern würde. Kutte, stell dir vor, sie sagte aber keinen Ton mehr und sah mich nicht einmal an. Fieberhaft überlegte ich, was ich zu ihr sagen sollte. Doch dann hielt der Bus und ich dachte schon, das war's jetzt. Aber dann kam der Knaller! Beim Aussteigen sagte sie plötzlich: „Sehen wir uns am Wochenende wieder in der Disco? Das wäre cool!"

Kutte, Mann, ich bin ganz weg! Was hältst du von dem Ganzen und hast du am Wochenende Zeit, mit in die Disco zu kommen?

Dein bester Freund

Jonas

Brief an Heidis beste Freundin:

Liebe Katja,   26. Juni 2014

du kannst dir nicht vorstellen, was mir gestern im Schulbus passiert ist! Ich bin noch völlig durcheinander.

Ich las gerade in meinem Lieblingsbuch, als sich plötzlich, aus heiterem Himmel, Jonas mir gegenüber in die Bank fallen ließ. Erinnerst du dich? Das ist der Junge, den wir am Wochenende in der Disco kennengelernt haben und der seit einer Woche in dem neuen Haus am Dorfrand wohnt. Außer einem genuschelten „Hallo" hat er aber keinen Ton rausgebracht. Doch ich habe genau gesehen, dass er rot wurde. Und du weißt ja, dass ich das unheimlich süß finde. Ich glaube, er ist schüchtern. Er las dann nämlich ganz vertieft in einem Schulheft, hinter dem sein Gesicht fast vollkommen verschwand. Als er das Heft aufgeschlagen hat, konnte ich aber sehen, das da noch gar nichts drin stand. Vielleicht wusste er nicht, was er sagen sollte, was meinst du? Ich hatte jedenfalls keine Ahnung, was ich machen sollte, um ihn auf mich aufmerksam zu machen. Was hättest du denn in dieser Situation gemacht? Bei Tageslicht sieht er jedenfalls noch besser aus als in der dunklen Disco. Er ist sehr sportlich und die kurzen Haare stehen im super. Ich glaube, ich habe mich total in ihn verknallt.

Weil ich mir nicht ganz sicher war, ob er sich noch an mich erinnerte, habe ich ihn beim Aussteigen gefragt, ob er am Wochenende wieder mit in die Disco kommt. Er hat zwar etwas schräg geguckt und ist anschließend fast über seine eigene Tasche am Boden gefallen, aber er hat zugesagt. Katja, das wird meine große Liebe. Der Brief bleibt aber mein Geheimnis. Am Samstag musst du mich unbedingt in die Disco begleiten!

Ganz liebe Grüße
deine Heidi

7. **Hinweis:** *Die Themastellung verlangt, dass du sowohl Pro- als auch Kontra-Argumente gegeneinander abwägst.*
Um ein geeignetes Thema zu finden, gehst du am besten deine Lebensbereiche gedanklich durch. Das Leben mit der Familie, im Freundeskreis, in der Schule, aber auch der Blick auf die anstehende Ausbildung oder eine persönliche Krise, die du durchlebst oder durchlebt hast, können dir ausreichend Gesichtspunkte für die Bearbeitung liefern. Und wie du der Aufgabenstellung entnehmen kannst, darf diese Entscheidungssituation in der Vergangenheit, der Gegenwart oder der Zukunft liegen.

Noch betrifft mich dieses Thema zwar nicht direkt, aber seit ein Mädchen aus meiner Parallelklasse schwanger ist und sich nun entscheiden muss, ob sie das Kind bekommen will oder nicht, geht mir das Thema „Familienplanung" einfach nicht mehr aus dem Kopf. Ich frage mich, ob ich später auch einmal eine Familie gründen möchte oder ob ich lieber alleine bleibe.

Einleitung
Thema aufgreifen und Entscheidungssituation beschreiben

Keine Familie zu haben, hat natürlich den Vorteil, dass man dem Drang nach persönlicher Freiheit und Unabhängigkeit nachgeben kann. Man muss auf niemanden Rücksicht nehmen. Nach dem Schulabschluss will ich z. B. zuerst einmal die Welt erkunden, reisen und viel ausgehen. Als Vater hätte ich zahlreiche familiäre Verpflichtungen, sodass zum Reisen und Ausgehen nur wenig Zeit bliebe.

Kontra Familiengründung
Ohne Familie ist man unabhängiger und man hat weniger Verpflichtungen

Andererseits bietet einem die Familie aber auch Geborgenheit. Vielleicht muss man für den Beruf, den man ausüben will, in eine andere Stadt ziehen, in der man niemanden kennt. Dann ist es gut zu wissen, dass man in der eigenen Familie einen Partner hat, dem man seine Sorgen und Probleme anvertrauen kann. Außerdem ist es ein schönes Gefühl, Kinder zu haben, die einen vom alltäglichen Berufsstress ablenken.

Pro Familiengründung
Familie bietet Geborgenheit und Ablenkung vom Berufsstress

Man darf bei der Familienplanung natürlich nicht vergessen, dass es teuer ist, eine Familie zu gründen. Vieles, was das Kind benötigt, muss man neu anschaffen und selbst gebrauchte Buggys oder Spielsachen können kostspielig sein. Mein erstes Ausbildungsgehalt möchte ich aber ehrlich gesagt für etwas anderes ausgeben als für Windeln und Babybrei. Um jetzt eine Familie zu gründen, müsste ich also auf vieles verzichten und sehr sparsam sein. Dafür bin ich aber momentan nicht bereit.

Kontra Familiengründung
Kinder sind teuer

Auf der anderen Seite ist die Liebe, die einen die eigenen Kinder schenken, unbezahlbar. Man baut ein tiefes Vertrauensverhältnis auf. Diese Verbindung ist einzigartig und wird Eltern und Kinder ein Leben lang begleiten. Darüber hinaus muss man sich in der heutigen

Pro Familiengründung
Die Verbindung zwischen Kind und Eltern ist einzigartig

Zeit nicht mehr unbedingt zwischen Kind und Karriere entscheiden. Solange die Arbeitszeiten „kinderfreundlich" ausgerichtet sind und es ausreichend Betreuungsmöglichkeiten in der näheren Umgebung gibt, spricht nichts dagegen, dass beide Elternteile berufstätig sind. Auch wenn ich im Moment noch keine Kinder habe möchte, glaube ich schon, dass ich später einmal eine Familie gründen werde. Wichtig ist mir dabei nur das Wann. Zuerst möchte ich meine Ausbildung machen und meine persönliche Freiheit genießen. Sobald ich dann einmal eine feste Arbeitsstelle habe und über die nötige finanzielle Sicherheit verfüge, spricht in meinen Augen nichts gegen eine Familiengründung.

Schluss
Grundsätzlich für Gründung einer Familie, aber erst wenn finanzielle Sicherheit besteht

Teil B: Text 2

1. **Hinweis:** *Du musst den Text sehr aufmerksam lesen, um den Inhalt in nur wenigen Sätzen wiedergeben zu können. Orientiere dich an den Abschnitten und markiere Stellen, an denen ein neuer Gedanke beginnt. Fasse dann die Schlüsselstellen zusammen und schreibe sie auf. Damit du dich nicht in Details verlierst, solltest du größere Textabschnitte mehrmals lesen. Schreibe im Präsens.*

Der Artikel „Auf dem Sprung – Training im Großstadtdschungel" aus der Frankfurter Rundschau stellt die spektakulär anmutende Trendsportart Le Parkour anhand des Beispiels dreier junger Parkour-Sportler vor. Die Autorin Jutta Maier gibt in ihrem Text einen kurzen Überblick über die Entstehung, die Besonderheiten und über die Gründe für die zunehmende Beliebtheit dieser Sportart.
Deren Begründer David Belle übertrug in den 1980er-Jahren das Dschungeltraining französischer Soldaten auf den „Großstadtdschungel". Mit Le Parkour entstand ein Sport, der es erlaubt, unterschiedlichste Hindernisse in der Stadt elegant, effizient und scheinbar mühelos zu überwinden. Ohne hartes Training, absolute Disziplin und mentale Stärke ist das allerdings nicht zu schaffen. Es geht diesen Sportlern nicht um den Adrenalin-Kick, sondern darum, den Körper zu stärken. Deshalb werden alle Sprünge und Tricks unzählige Male auf weichen Untergründen wie Sand oder auf Wiesen geübt, bevor sie auf hartem Beton ausgeführt werden. Beim Le Parkour trainiert man außerdem Disziplin und das Abbauen von Ängsten

und inneren Blockaden. Das kann auch für die Bewältigung von Herausforderungen im Alltag hilfreich sein. Mittlerweile sind Parkour-Sportler auch für Stunt-Sequenzen in Filmen gefragt. Doch auch wenn die Szenen gefährlich wirken, hat die Sicherheit der Sportler immer absoluten Vorrang. Die Zahl der aktiven Parkour-Sportler in Deutschland nimmt zu, 2007 waren es 2 000.

2. ✎ **Hinweis:** Um die passenden Wörter zu finden, liest du den Text aufmerksam durch. Markiere dabei am besten erst einmal alle Fremdwörter. Vielleicht ergeben sich jetzt schon die ersten Kombinationen. Denke auch daran, dass manche Fremdwörter durch ihren häufigen Gebrauch oft gar nicht mehr als solche wahrgenommen werden. Wenn du unsicher bist oder die Bedeutung eines Wortes nicht kennst, kann dir dein rechtschriftliches Wörterbuch eine Hilfe sein. Die letzte Entscheidung für das jeweils passende Wort gelingt meist erst durch die Betrachtung des Textzusammenhangs.

a) erledigen, ableisten – absolvieren (Z. 96)
b) wirksam, erfolgreich, wirtschaftlich – effizient (Z. 20)
c) Strömung, Richtung – Tendenz (Z. 49)
d) geistig, gedanklich – mental (Z. 85)

3. ✎ **Hinweis zu a:** Die passende Textstelle ist dir wahrscheinlich schon beim ersten Lesen aufgefallen. Formuliere dazu aber einen eigenständigen Text, in dem du diese Informationen korrekt wiedergibst.
Zu b: Du hast den Text nun schon mehrmals gelesen, sodass dir markante Merkmale dieser Sportart sicher nicht entgangen sind. Du findest sie im ganzen Text verteilt. Notiere sie als kurze Stichwortsätze.

a) Die Gründung des Le Parkour geht auf den Franzosen David Belle in den 1980er-Jahren zurück. Er entwickelte es in Anlehnung an das Überlebenstraining, das sein Vater während seiner Zeit als Soldat im Dschungel absolvierte. Belle übertrug dieses Trainingsprogramm auf den „Großstadt-Dschungel" und passte es den hier vorliegenden Gegebenheiten an.

b) Mögliche Stichworte:
- sich effizient und elegant durch die Stadt bewegen (Z. 20–22)
- fließende, geschmeidige Bewegungen über Hindernisse (Z. 28–31)
- es gibt bestimmte Grundbewegungen wie Rolle, Drehung, Katzensprung oder Präzisionssprung (Z. 26–28)
- den Körper stärken, nicht zerstören (Z. 67/68)
- stark sein, um anderen helfen zu können (Z. 77/78)
- hartes Krafttraining, Disziplin und mentale Stärke (Z. 84/85)
- innere Blockaden lösen, Ängste überwinden (Z. 87/88, Z. 91/92)
- täglich intensives Training (Z. 96, Z. 100)

4. ✏ **Hinweis:** *Wenn du den Text abschnittweise durchliest, kannst du die Stellen leicht herausfinden und als Zitate mit den dazugehörigen Satzzeichen aufschreiben.*

Mögliche Textstellen:
- „Für das Training ihrer Tricks wählen die drei vorsichtshalber den Sand des angrenzenden Spielplatzes." (Z. 58–60)
- „Doch was im Video halsbrecherisch wirkt, war abgesichert." (Z. 65–67)
- „‚Man macht einen Sprung hundert Mal auf einer Wiese, dann erst auf Beton' […]." (Z. 89–91)

5. ✏ **Hinweis:** *Die Aufgabe lässt dir bei der Übertragung der Regeln von Le Parkour auf andere Lebensbereiche einen großen Spielraum. Wähle am besten zwei Bereiche aus, die sich mit deinen persönlichen Erfahrungen gut in Einklang bringen lassen. Familie, Schule, Freundeskreis, Freizeit – viele Bereiche des Alltags bieten sich hier an.*

Manchmal ist es ganz schön schwer, seinen Grundsätzen treu zu bleiben. Als Sportler trinke ich beispielsweise aus Überzeugung keinen Alkohol und ich bin immer sehr gut damit gefahren. Doch oft muss ich mich auf Partys mächtig gegen den Druck der Gruppe stemmen, um mich nicht zum Trinken verleiten zu lassen. Man möchte ja kein Weichei sein oder ständig dazu aufgefordert werden, doch auch mal einen Schluck zu probieren. Aber sich nicht von anderen verleiten zu lassen und nichts zu wagen, wofür man nicht bereit ist, gehört eben auch zu meinen Grundsätzen. Meine besten Freunde wissen das und respektieren meine Einstellung.

Der innige Wunsch meines Freundes Felix, Gitarrespielen ohne fremde Hilfe zu lernen, ging vor einem Jahr vollkommen daneben. Seine Eltern hatten ihm zum Geburtstag zwar eine E-Gitarre samt Equipment gekauft, doch dem Ganzen dann ein annähernd brauchbares Klangerlebnis zu entlocken, war ihm nicht möglich. Er hatte sich einfach zu viel auf einmal vorgenommen. Doch als Felix dann zum Gitarrenunterricht ging und dort Schritt für Schritt an die Grundelemente und nötigen Griffe herangeführt wurde, klappte es immer besser. Man sollte sich eben nur in kleinen Schritten steigern, wenn man Erfolg haben will. Und erfolgreich war Felix auch. Inzwischen spielt er sogar in unserer Schulband.

6. *Hinweis:* Im ersten Teil der Aufgabe setzt du dich mit einem Schaubild auseinander. Das Vorgehen bei der Auswertung kennst du aus dem Unterricht. Lass dir Zeit, um dir die Zusammenhänge vollständig klarzumachen. Das Fremdwort in der Titelzeile (Budget) kannst du nachschlagen, falls du es nicht kennen solltest.
Den in der Grafik dargestellten Sachverhalt bringst du anschließend mit dem Text in Verbindung. Dazu vergleichst du die Grundaussage des Textes mit der Erkenntnis aus der Analyse der grafischen Darstellung.

Die vorliegende Grafik vermittelt Informationen über das tägliche Freizeitverhalten von Neuntklässlern. Sowohl Jungen als auch Mädchen verbringen rund 200 Minuten mit Fernsehen, Video und DVD. Die Beschäftigung mit diesen Medien nimmt somit den größten Teil ihrer Freizeit ein, dicht gefolgt von Beschäftigungen am Computer. Bei diesen chatten die Mädchen gerne im Internet, während die Jungen deutlich mehr Zeit mit Computerspielen verbringen. Zwar treiben Jugendliche auch relativ viel Sport, doch die Beschäftigung mit PC, Internet, Video und Fernsehen nimmt bei beiden Geschlechtern deutlich mehr Zeit in Anspruch.

Das Schaubild zeigt somit deutlich, dass die drei Jungen mit ihrer Begeisterung für Sport ganz und gar nicht typisch sind, denn für den Durchschnitt der Jugendlichen haben die Medien einen wesentlich höheren Stellenwert.

7. *Hinweis:* Bei dieser Aufgabe sollst du Stellung zu den Aussagen in der Aufgabenstellung nehmen. Sieh dir den ersten Satz im Arbeitsauftrag an, und überlege, ob du auch der Meinung bist, dass Angst zugleich gut und schlecht sein kann, oder ob du eher die Position vertrittst, dass Angst ausschließlich gut oder schlecht ist. Gehe bei dieser Aufgabe wieder verschiedene Lebensbereiche durch, um unterschiedliche Beispiele anführen zu können. Es bietet sich besonders an, auch eigene Erfahrungen einzubringen.
Achte darauf, dass du zu deinen Behauptungen auch Begründungen anführst und sie mit passenden Beispielen belegst.

Es ist eigentlich erstaunlich, wie oft man Angst hat. – Und das nicht nur bei waghalsigen Sportarten: Oft nimmt man dieses Gefühl im Alltag gar nicht so richtig wahr. Aber Angst zieht sich durch unser ganzes Leben und der Umgang mit ihr ist ein zentrales Thema für jeden Menschen. Ich stimme der Aussage zu, dass Angst hindern und verstören, aber auch als Schutz dienen kann.

Oft verspüre ich z. B. vor wichtigen Prüfungen Angst und so geht es, denke ich, auch vielen anderen Menschen. Ich kann dann gar nicht mehr richtig schlafen, habe kaum Appetit und male mir aus, wie schwierig die Aufgaben werden könnten. Ich gehe auch nicht mehr mit Freunden aus, sondern übe stundenlang. Kurz vor der Prüfung habe ich feuchte Hände und mir ist flau in der Magengegend. Gleichzeitig bin ich dann aber auch vollkommen konzentriert auf das Gelernte und nichts kann mich in diesen Momenten ablenken. So hilft mir die Angst in gewisser Weise, Prüfungen besser zu meistern, weil ich alle Kräfte dafür mobilisiere und mich optimal vorbereite.

Andererseits kann Angst aber auch dazu führen, dass man sich etwas nicht zutraut, obwohl man eigentlich dazu in der Lage wäre. Mein Freund Stefan hat erst kürzlich die Führerscheinprüfung bestanden. Als er dann in den Wochen danach fast gar nicht Auto gefahren ist, habe ich ihn gefragt, ob er wohl sein Auto schonen will. Da hat er mir anvertraut, dass er Angst davor hat, ohne den Fahrlehrer zu fahren, der im Notfall eingreifen könnte. Mittlerweile ist er durch die fehlende Fahrpraxis so sehr aus der Übung, dass er alles tut, um Autofahrten zu vermeiden. Seine Angst hat ihn in diesem Fall nicht genutzt, sondern ihn nur daran gehindert, Fahrsicherheit aufzubauen.

Einleitung
Thema aufgreifen und Meinung äußern: Zustimmung: Angst betrifft jeden, kann hinderlich, aber auch nützlich sein

1. Argument: Angst als etwas Positives
Angst mobilisiert alle Kräfte und kann dazu führen, dass man sich besser konzentriert

2. Argument: Angst als etwas Negatives
Angst kann dazu führen, dass man sich etwas nicht zutraut, obwohl man dazu in der Lage wäre

Jedoch kann Angst ebenso davor schützen, falsche Entscheidungen zu treffen. Ein guter Freund unserer Familie hat letztes Jahr von seiner Firma ein interessantes Stellenangebot im Ausland bekommen. Nach der anfänglichen Freude verspürte er aber bald zunehmend Angst, wenn er an all die Veränderungen dachte, die auf ihn und vor allem seine Familie zukommen würden. Seine Angst brachte ihn schließlich so weit, das Stellenangebot noch einmal ganz genau zu prüfen. Das Ergebnis war, dass er das Angebot ablehnte. Es gab einfach zu viele Nachteile. Heute ist er froh darüber, dass ihn seine Angst vor einer falschen Entscheidung bewahrt hat.

3. Argument: Angst als etwas Positives
Angst kann vor falschen Entscheidungen schützen.

Angst kann einen aber auch blockieren, sodass man in Situationen untätig bleibt, in denen eigentlich Handeln angesagt wäre. Unsere Nachbarin, Frau Meyer, war einmal in einer solchen Situation. Sie geht gerne an den Waldsee zum Entspannen. An einem besonders heißen Sommertag war es mit der Entspannung schlagartig vorbei, denn ein älterer Mann torkelte plötzlich und brach dann mit hochrotem Kopf zusammen. Einige Badegäste eilten zwar sofort herbei, waren durch die Angst, beim Helfen etwas falsch zu machen, aber wie gelähmt. Auch Frau Meyer hatte zunächst Angst davor, zuzupacken und durch falsche Hilfsmaßnahmen den Zustand des Mannes zu verschlechtern. Zum Glück überwand sie aber ihre Angst und zog den älteren Mann in den Schatten, wo sie ihn mit einem feuchten Handtuch kühlte und den Notarzt rief.

4. Argument: Angst als etwas Negatives
Angst kann einen lähmen und verhindern, dass man die richtigen Maßnahmen ergreift

Angst ist ein Schutzmechanismus unseres Körpers, der uns davor schützt, etwas Riskantes oder Falsches zu tun. Angst kann aber auch übertrieben sein und verhindern, dass wir das Richtige tun. Wenn man Angst hat, sollte man deshalb immer prüfen, ob sie berechtigt ist oder ob man sie ohne Bedenken übergehen kann.

Schluss
Bei Angst sollte man immer prüfen, ob sie berechtigt ist oder nicht

Abschlussprüfung 2015

Teil A: Rechtschreibung I

Hinweis: Nach dem Diktieren hast du noch einmal **zehn Minuten** Zeit, um deinen Text mithilfe der gelernten Rechtschreibstrategien und durch Nachschlagen im Wörterbuch zu überarbeiten. Elektronische Wörterbücher sind während der Prüfung allerdings nicht erlaubt. Für jeden Fehler wird je ein Punkt abgezogen. Falsche, fehlende oder nicht eindeutig lesbare Wörter sowie Trennungsfehler gelten als ganze Fehler. Wiederholungsfehler und mehrere Fehler in einem Wort werden nur einmal als Fehler gewertet.

Ist das ganze Leben ein Spiel?
Etwa die Hälfte der Deutschen / verfügt derzeit über ein Smartphone*. / Ein großer Teil davon / ist permanent im Internet. / Die Nutzer versenden Nachrichten / oder finden Routen. / Besonders Spiele erfreuen sich größter Beliebtheit. / Man spielt an den verschiedensten Orten, / wie beispielsweise im Bus, / am Arbeitsplatz oder daheim. / Es gibt heute schon mehrere Millionen Apps. / Täglich kommen neue hinzu. / Beinahe könnte man annehmen, / das ganze Leben passe in ein Smartphone. *(73 Wörter)*

** **Korrekturhinweis:** Richtig wäre auch „Smart Phone".*

Teil A: Rechtschreibung II

1. **Hinweis:** Das erste der beiden Wörter muss großgeschrieben werden, weil es sich dabei um ein Nomen handelt. Das kannst du einerseits an der Endung „-heit" erkennen, die typisch für Nomen ist, andererseits kannst du auch die Artikelprobe durchführen. Dabei prüfst du, ob du in einem Satzzusammenhang einen Artikel vor das Wort setzen kannst. Beispiel: „Er erfreute sich großer Beliebtheit." – „Er erfreute sich der großen Beliebtheit."
Beim zweiten Wort bieten sich zwei mögliche Strategien an: Du kannst die Schreibung des Wortes ableiten, indem du nach verwandten Wörtern suchst, deren Schreibung dir bekannt ist: „Arbeitsplätze" wegen „Parkplätze", „öffentliche Plätze" ... Oder du bildest den Singular: „Arbeitsplätze" wegen „Arbeitsplatz". Je eine Rechtschreibstrategie musst du sinngemäß ausformulieren, um die volle Punktzahl zu erhalten.

Beispielwörter	Lösungsstrategie
Beliebtheit	Ich achte auf die Endung „-heit". **Oder:** Ich führe die Artikelprobe durch.
Arbeitsplätze	Ich bilde den Singular „der Arbeitsplatz". **Oder:** Ich leite die Schreibung vom verwandten Wort „Parkplätze" ab.

2. **Hinweis:** Handelt es sich um einen Artikel oder ein Demonstrativ-/Relativpronomen, schreibst du „das". Ansonsten setzt du die Konjunktion „dass" ein. Falls du dir nicht sicher bist, ob ein Pronomen vorliegt, machst du die Ersatzprobe: Wenn du anstelle von „das/dass" das Wort „welches" einsetzen kannst, schreibst du „das". Ist kein Austausch möglich, musst du „dass" schreiben. Beim ersten und beim dritten „dass" handelt es sich also um Konjunktionen, die einen Nebensatz einleiten. Das zweite „das" ist der Artikel zu „Smartphone", beim letzten „das" handelt es sich um ein Relativpronomen, vgl.: „Es gibt kaum ein Handy, das/ welches nicht täglich genutzt wird." Vergiss nicht, dass du den Satzanfang großschreiben musst. Für jede richtige Lösung wird ein halber Punkt vergeben.

Dass das Smartphone einen festen Platz in unserer Gesellschaft hat, zeigt allein schon die Tatsache, **dass** über 40 Millionen Menschen in Deutschland ein solches Gerät besitzen. Es gibt kaum ein Handy, **das** nicht täglich genutzt wird.

3. **Hinweis:** Wenn du den Satz langsam und aufmerksam liest, erkennst du rasch die einzelnen Wörter dieser Buchstabenschlange. Trenne sie im Aufgabenblatt durch Schrägstriche voneinander. Da die Satzzeichen schon korrekt eingefügt sind, musst du dich um sie nicht mehr kümmern. Um herauszufinden, welche der Wörter du neben dem Satzanfang großschreiben musst, wendest du die gelernten Rechtschreibstrategien zur Groß- und Kleinschreibung an: Du kannst z. B. die Wörter „Menschen", „Handy", „Mitmenschen" und „Störung" mithilfe der Artikelprobe rasch als Nomen im Satz aufspüren. Für jeden Fehler (dazu zählen auch Abschreibfehler) wird dir ein halber Punkt abgezogen. Auch für fehlende Satzzeichen, Umlautzeichen oder i-Punkte wird je ein halber Punkt abgezogen. Minuspunkte gibt es nicht.

Viele Menschen tippen immer und überall scheinbar sinnlos auf dem Handy herum, was viele Mitmenschen als Störung oder gar unhöflich empfinden.

4. **Hinweis:** Durch den Umgang mit dem Wörterbuch im Unterricht solltest du mit der Legende (typische Abkürzungen, Zeichen usw.) eines Wörterbucheintrags vertraut sein:

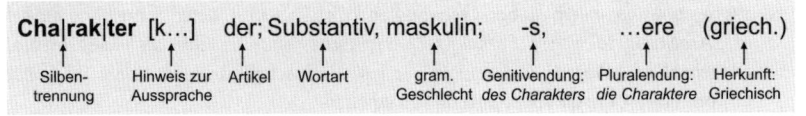

Cha|rak|ter [k...]	der;	Substantiv, maskulin;	-s,	...ere	(griech.)
↑	↑	↑ ↑	↑	↑	↑
Silbentrennung	Hinweis zur Aussprache	Artikel Wortart	gram. Geschlecht	Genitivendung: des Charakters / Pluralendung: die Charaktere	Herkunft: Griechisch

Falls dir bei d) kein passendes Adjektiv einfällt, schlägst du rasch im Wörterbuch nach. Achte dabei auf typische Adjektivendungen wie „-isch" oder „-tisch". Für jede richtige und korrekt geschriebene Antwort wird ein halber Punkt vergeben.

a) aus dem Griechischen
b) der Charakter
c) (die) Charaktere
d) charakteristisch **oder** charakteristischerweise **oder** charakterlos ...

Teil B: Text 1

1. ✏ **Hinweis:** *Lies den Text zunächst vollständig durch und unterstreiche dabei die betreffenden Namen. Nach dem ersten Lesen wirst du feststellen, dass sich viele der gesuchten Informationen in der ersten Hälfte des Textes befinden. Es reicht übrigens aus, wenn du die Personen kurz mit jeweils einer zutreffenden Angabe in einem vollständigen Satz vorstellst.*

- Paul: Paul ist der Ich-Erzähler, er ist 14 Jahre alt und Erasmus' neuer Nachbar und Mitschüler.
- Köster: Herr Köster ist Lehrer in der Klasse und trägt auch den Spitznamen „General".
- Erasmus: Erasmus Schröder kommt als neuer Schüler in die Klasse und wohnt im Nachbarhaus von Paul. Er ist dreizehn Jahre alt, klein und trägt eine dicke Brille. Zu Beginn wirkt er schüchtern und unsicher, auf Kleidung scheint er keinen besonderen Wert zu legen. Als er nach seinem Namensvetter gefragt wird, zeigt sich, dass er sehr gebildet ist.
- Claus: Claus ist ein Mitschüler und Banknachbar von Paul.

2. ✏ **Hinweis:** *Du musst den Text sehr aufmerksam lesen, um den Inhalt in nur wenigen Sätzen wiedergeben zu können. Gehe abschnittsweise vor und achte darauf, wann jeweils ein neuer Gedanke beginnt. Wenn du die entsprechenden Schlüsselstellen markierst, kannst du sie anschließend zusammenfassen und niederschreiben. Damit du dich nicht in Details verlierst, solltest du immer wieder größere Textabschnitte wiederholend lesen. Schreibe im Präsens.*

In dem vorliegenden Ausschnitt aus dem Jugendroman „Paul Vier und die Schröders" schildert der Autor Andreas Steinhöfel die Ankunft eines neuen Schülers namens Erasmus in der Klasse des Ich-Erzählers Paul. Klein, schüchtern, mit dicker Brille und ganz ohne Schulsachen, wird Erasmus schon beim Betreten des Klassenzimmers zum Spielball des angsteinflößenden Lehrers, Herrn Köster. Dieser hat seinen Spitznamen „General" nicht unverdient bekommen, denn er beleidigt den neuen Schüler vor der ganzen Klasse als unwissend und dumm, obwohl er das in diesem Moment noch gar nicht beurteilen kann. Diese Ungerechtigkeit lässt Erasmus aber nicht auf sich sitzen. Mit umfassendem Fachwissen zu Erasmus von Rotterdam und Erasmus, dem Nothelfer, entlarvt er alle Beleidigungen Kösters als unpassend. Weil er sein Wissen auch sprachlich bestens präsentieren kann, überrumpelt er den „General" regelrecht und stellt diesen zurecht bloß. Außerdem lässt Erasmus keinen Zweifel daran, dass sich sein Lehrer zukünftig genau überlegen sollte, wie er mit ihm umgeht.

3. ✏ **Hinweis:** *Sprachliche Bilder dienen dazu, bestimmte Aussagen für den Leser oder Zuhörer besonders anschaulich zu machen. Dabei steht der wörtlichen Bedeutung immer eine übertragene gegenüber, die du erklären sollst. In einer zu engen Haut eingezwängt zu sein, ist ein unangenehmes Gefühl. Deine Aufgabe ist es, herauszufinden, was mit dieser Haut im Text gemeint ist und was deren Abfallen bei Erasmus bewirkt. Achte dazu auch auf die plötzliche Verhaltensänderung von Erasmus dem Lehrer gegenüber.*

Für Erasmus ist das Vorstellen vor der neuen Klasse und vor dem angsteinflößenden „General" eine ungewohnte und eher bedrohlich wirkende Situation. Seine anfängliche Unsicherheit und Nervosität hemmen ihn und schränken ihn wie eine zu eng gewordene Haut gegen seinen Willen ein. Doch wie auch manche Tiere mit zunehmendem Wachstum ihre Haut abwerfen, die allmählich zu eng für sie geworden ist, befreit sich Erasmus aus dieser Starre. Als der Lehrer ihn als unwissend und dumm abstempeln will, fällt alle Nervosität von ihm ab und es gelingt ihm, den Lehrer mit seinem Wissen zu schlagen. Er kann dadurch seine ganze Stärke und Größe zeigen. Seine Angstgefühle und Nervosität verliert er mit zunehmender Sicherheit, eben wie wenn er eine zu eng gewordene Haut abstreifen würde.

4. ✏ **Hinweis:** *Hier musst du den Umgang des Lehrers mit dem neuen Schüler beschreiben. Es könnte dir helfen, wenn du dich in die Lage von Erasmus versetzt. Stelle dir vor, wie die Äußerungen des „Generals" auf dich wirken würden, wenn du das erste Mal in eine neue Klasse kommst. Aus diesem Empfinden heraus lässt sich der Auftrag gut bearbeiten und durch mindestens zwei passende Textstellen belegen.*

Schon beim Betreten des Klassenzimmers empfängt Herr Köster Erasmus unfreundlich: Er geht nicht auf ihn zu und begrüßt ihn auch nicht, wie man es normalerweise bei der Ankunft eines neuen Mitschülers erwarten dürfte. Vielmehr mustert er den in der Tür stehenden, verunsicherten Jungen abschätzig (vgl. Z. 17–20), bevor er ihn im Befehlston zu sich ans Pult kommandiert (vgl. Z. 31/32). Als Erasmus sich aus Versehen beim Namen „Köster" verspricht, reagiert der „General" sofort „sauer" (Z. 31). Das autoritäre, respektlose und unfreundliche Verhalten Kösters zeigt sich besonders deutlich, als er Erasmus vor allen Mitschülern vollkommen unbegründet als unwissend und dumm bezeichnet (vgl. Z. 77/78), und dabei einen Großteil der Klasse gleich pauschal mit verurteilt. Die Frage nach dem Namensvetter war ganz offensichtlich als „Stolperstein" für Erasmus gedacht, um diesen gleich zu Beginn vor allen anderen scheitern zu lassen und um die eigene vermeintliche Stärke zu demonstrieren. Dass

Herr Köster Freude daran hat, Erasmus den Start in der neuen Umgebung zu erschweren, bringt er mit „einem wenig wohlwollenden Lächeln" (Z. 73/74) zum Ausdruck.

5. ✏ **Hinweis:** *Bei dieser Aufgabe erzählst du aus der Sicht von Erasmus. In Gedanken schlüpfst du in seine Rolle und versetzt dich in seine Situation. Diese offene Schreibform bietet dir die Möglichkeit, relativ frei zu formulieren, allerdings musst du dich an die Geschehnisse im Text halten. Erzähle also als Erasmus vom ersten Kontakt mit der Klasse und wie dich der Lehrer empfangen hat. Gehe dabei deutlich auf deine Gedanken und Gefühle in dieser Situation ein.*

Ach weißt du, Mami, als ich das Klassenzimmer betreten habe, war das schon ein bisschen komisch für mich. Herr Köster, der Lehrer, hat mich zuerst ganz böse angeschaut, als ob ich ein Wesen von einem anderen Stern wäre. Ich war ziemlich nervös und habe mich vor Aufregung bei seinem Namen versprochen, was ihn scheinbar ziemlich geärgert hat. Als er mich dann im Befehlston aufgefordert hat, reinzukommen, wollte ich mir gleich einen freien Platz suchen, aber er hat mich dann plötzlich ziemlich unfreundlich zu sich ans Pult gerufen. Ich habe kaum einen Ton herausgebracht, als er mir regelrecht befohlen hat, dass ich mich vorstelle. Meine Kehle war ganz trocken: Vor mir beäugten mich alle neuen Mitschüler und hinter mir schlug Herr Köster plötzlich mit der flachen Hand auf den Tisch, weil alle tuschelten. Das war schon heftig. Dann sollte ich etwas zu meinem Namensvetter sagen. Als ich nachgefragt habe, über welchen Namensvetter ich etwas erzählen soll, hat er mich vor der ganzen Klasse als unwissend und dumm bezeichnet. Da war auch bei mir „Schluss mit lustig", obwohl ich ja sehr geduldig bin, wie du weißt. Ich habe mir die Beleidigungen verbeten und ihn mal ausführlich über beide Namensvettern in Kenntnis gesetzt. Es tat richtig gut, ihm zu zeigen, dass ich eben nicht dumm und unwissend bin. Herr Köster, der übrigens den vielsagenden Spitznamen „General" trägt, wurde plötzlich ganz blass und die Mitschüler waren so still, dass man eine Stecknadel hätte fallen hören. Auf meine Frage, ob ich mich jetzt setzen dürfte, hat der „General" dann sogar mit „Ja, bitte" geantwortet. Ich denke, dass es mir gut in der Klasse gefallen wird. Vielleicht können wir unserem Lehrer auch bald einen anderen Spitznamen geben.

6. ✏ **Hinweis:** Was eine Karikatur ist und wie man sie interpretiert, habt ihr im Unterricht besprochen. Darauf kannst du dich jetzt stützen. Beschreibe zunächst kurz, was du auf dem Bild siehst (Personen, Handlung, Text). Dann erklärst du, was der Autor mit der Darstellung des Lehrers kritisieren will. Das Verhalten dieses Lehrers vergleichst du schließlich mit dem des „Generals" in der Geschichte (Unterschiede, Gemeinsamkeiten, Wertung).

Der Lehrer auf dem Bild findet bei seinen Schülern offensichtlich keine ernsthafte Beachtung, denn die zwei Jungen scheinen in ein persönliches Gespräch vertieft zu sein, während das Mädchen eher verwirrt aussieht. Das Verhalten der Kinder ist nur verständlich, da sich der Lehrer einer Sprache bedient, die wahrscheinlich die Schüler so nicht verwenden. Seltsame Verrenkungen von Armen und Fingern deuten darauf hin, dass er zusätzlich durch seine Gestik versucht, Schüler nachzuahmen, um bei ihnen besser „anzukommen". Mit seinem gekünstelten Auftreten möchte er Eindruck machen und den „coolen" Kumpel spielen, der von seinen Schülern angehimmelt wird und auf den man dann auch brav hört und wahrscheinlich zukünftig die Hausaufgaben ordentlich fertigt. Das Desinteresse der Kinder im Bild deutet aber schon an, dass er mit dieser Taktik wenig Erfolg haben wird.

Das gegenteilige Verhalten zeigt sich beim „General" in der Klasse von Erasmus. Herr Köster versucht erst gar nicht, den Kumpel zu spielen, sondern „herrscht" mit übertriebener Strenge und überzogener Autorität bis hin zu persönlicher Beleidigung. In dieser Welt aus Angst und Gehorsam sind zwar alle auf den Lehrer konzentriert, aber innerlich eigentlich nur damit beschäftigt, den Unterricht unversehrt zu überstehen.

In beiden Fällen sind zunächst die Schüler die Leidtragenden. Auf Dauer gesehen wird den beiden Lehrkräften ihr Verhalten aber auch nicht gut bekommen: Der vermeintliche „Kumpel" wird nicht ernst genommen, der „General" rasch eines Besseren belehrt.

7. ✏ **Hinweis:** Bei dieser Aufgabe hast du es mit einer linearen Erörterung zu tun. Die Aussage im Arbeitsauftrag ist gut nachvollziehbar und gibt dir damit den Weg für deine Arbeit schon vor. Lass dich dabei nicht von der Formulierung „von jeder einzelnen Schülerin und von jedem einzelnen Schüler" verwirren, die die Schülerseite stark betont! Du sollst überlegen, was sowohl Lehrer als auch Schüler für eine angenehme Lernumgebung und einen erfolgreichen Unterricht tun können. Denke außerdem daran, treffende Beispiele für deine Ausführungen zu finden. Dabei kannst du sicher auf Erfahrungen aus deinem Schulalltag zurückgreifen. Aus der Punktzahl lässt sich schließen, dass du vier Gesichtspunkte zu erfolgreichem Unterricht und angenehmem Lernklima ausführen solltest. Du kannst dir eine kurze Gliederung auf einem separaten Blatt anfertigen, die dir hilft, Ordnung in deine Gedanken zu bringen.

Lehrer und Schüler verbringen in der Schule einen erheblichen Teil ihres Lebens. Läuft etwas nicht so wie gewünscht, wird die Schuld oft bei den Lehrern als Alleinverantwortlichen gesucht. Doch damit macht man es sich zu einfach, denn erfolgreicher Unterricht und eine angenehme Lernumgebung hängen nicht nur von der Lehrkraft ab, sondern auch von jeder einzelnen Schülerin und von jedem einzelnen Schüler.	**Einleitung** *Hinführung zum Thema: Gestaltung des Arbeits- und Lebensraums Schule durch Lehrer und Schüler*
Was können beide Seiten, Lehrer und Schüler, also tun, um eine angenehme Lernatmosphäre zu schaffen und erfolgreichen Unterricht zu ermöglichen?	**Überleitung** *Maßnahmen beider Seiten*
Zunächst sollte der Lehrer seinen Schülern anbieten, sich bei der Themenwahl der Unterrichtsinhalte einzubringen. Zwar ist er hier nicht völlig frei, weil auch er sich nach dem Lehrplan richten muss, doch es gibt einen gewissen Spielraum. Unsere Lehrerin informiert uns z. B. meist darüber, was in nächster Zeit ansteht. Wir dürfen dann Vorschläge und sogar Material zur Umsetzung beisteuern. Interessant ist das vor allem bei der Auswahl von Schullektüren oder bei der Planung von Klassenfahrten. Als Schüler fühlt man sich so ernst genommen und wertgeschätzt, wodurch die Motivation und das Interesse am Unterricht steigen.	**Hauptteil** *Interessante Lernangebote in gemeinsamer Absprache*
Im Gegenzug sollten wir Schüler uns aber auch bewusst sein, dass ein gutes Zusammenleben in der Schule und eine angenehme Lernumgebung das Einhalten gemeinsam vereinbarter Verhaltensregeln erfordern. Diese sind für uns Schüler allerdings nicht immer sofort nachvollziehbar und deshalb wird auch oft dagegen protestiert oder sie werden sogar ignoriert, wie z. B. das Handyverbot. Hier könnte es helfen, wenn sich jemand die Zeit nähme, uns den Sinn solcher Maßnahmen ein wenig genauer zu erläutern. Letztlich ist hier natürlich Verständnis auf beiden Seiten gefordert, damit eine angenehme Lernatmosphäre und ein erfolgreicher Unterricht möglich sind.	*Aufstellen und Einhalten vereinbarter Verhaltensregeln*

Darüber hinaus sollten sich Lehrer und Schüler wohlfühlen an dem Ort, der für viele Stunden am Tag ihr Arbeitsplatz ist. Wenn sie gemeinsam Ideen sammeln und umsetzen, kann jede Schule interessante Angebote machen, wie z. B. Lernwerkstätten, ansprechende Pausenhöfe, eventuell sogar mit kleinen Sportangeboten, Rückzugsmöglichkeiten für Lehrer und Schüler sowie leckeres und gesundes Essen in den Kantinen von Ganztagsschulen. Als Schüler müssen wir dann aber auch sorgsam mit den Räumlichkeiten umgehen, die Angebote nutzen und wertschätzen.

Gemeinsame Gestaltung und Pflege einer ansprechenden Lernumgebung

Eine der wichtigsten Voraussetzungen für ein gutes Lernklima und einen erfolgreichen Unterricht ist meiner Meinung nach jedoch die gegenseitige Wertschätzung und der beiderseitige Respekt innerhalb der Schulfamilie. Das setzt voraus, dass man Verständnis für den jeweils anderen aufbringt. Lehrer werden von Schülern oft nur als Fordernde gesehen, die den Schülern keine Freude gönnen, während die Lehrer Schüler, deren Leistungen abfallen, oft einfach nur als faul abstempeln. Gespräche, die dem jeweils anderen zeigen, dass man sich für ihn und seine Probleme interessiert, schaffen hier die beste Abhilfe. Erst wenn jeder offen sagen kann, was ihn bewegt und was er sich erhofft, kann ein erfolgreicher Unterricht gelingen.

Wertschätzung und gegenseitiger Respekt innerhalb der Schulgemeinschaft

Nicht zuletzt bietet ein wohlwollender Umgang miteinander Vorteile für beide Seiten: Die Lehrer haben Erfolg mit ihrem Unterricht und können ihr Wissen in einer weniger stressigen Umgebung vermitteln, die Schüler fühlen sich wertgeschätzt und haben mehr Freude daran, sich am Unterricht zu beteiligen und etwas zu lernen. Das Arbeiten und Leben in der Schule kann also nur dann gelingen, wenn sowohl Lehrer als auch Schüler miteinander und nicht gegeneinander arbeiten und Verantwortung dafür übernehmen, dass der Unterricht erfolgreich und in einer angenehmen Lernatmosphäre stattfinden kann.

Wertende Stellungnahme und Schlussgedanke
Wohlwollender Umgang miteinander bietet Vorteile für beide Seiten

Teil B: Text 2

1. ✏ **Hinweis:** Um die Kernaussagen zu finden, gliederst du den Text in Sinneinheiten. Lies ihn aufmerksam durch und markiere Schlüsselstellen, an denen jeweils ein neuer Gedanke beginnt. Orientiere dich dabei durchaus auch an den bestehenden Abschnitten im Text. Wenn du dir einen guten Überblick über den Inhalt des Textes verschafft hast, formulierst du die vier Kernaussagen. Um nicht in unwesentliche Einzelheiten abzudriften, solltest du größere Textabschnitte wiederholend lesen.

   Mögliche Kernaussagen:
   - Viele Menschen schauen zu häufig auf ihr Smartphone.
   - Turk warnt vor dem Internet und seinen negativen Auswirkungen wie z. B. Verdummung oder Vereinsamung.
   - Es treten neue Phänomene auf wie das Phubbing oder die Head-Down-Generation.
   - Jugendliche kommunizieren überwiegend über Smartphone-Apps.
   - Neue Techniken wurden immer schon kritisch betrachtet.
   - Soziale Netze können sich auch positiv auswirken.

2. ✏ **Hinweis:** Um die passenden Wörter zu finden, liest du den Text aufmerksam durch. Markiere dabei am besten gleich alle Fremdwörter. Vielleicht ergeben sich jetzt schon die ersten Kombinationen. Manche Fremdwörter nimmst du durch ihren häufigen Gebrauch vielleicht gar nicht mehr als solche wahr. Wenn du unsicher bist oder die Bedeutung eines Wortes nicht kennst, kann dir dein rechtschriftliches Wörterbuch eine Hilfe sein. Die letzte Entscheidung für das jeweils richtige Wort solltest du immer passend zum Textzusammenhang fällen.

   a) *herstellen:* produzieren (Z. 23)
   b) *sich verständigen:* kommunizieren (Z. 60)
   c) *Speichergerät für Fernsehaufzeichnungen:* Videorekorder (Z. 90)
   d) *wohltätig, gesellschaftlich, die Gemeinschaft betreffend:* sozial (Z. 105)

3. ✏ **Hinweis:** Die Überschrift kennst du sicher als Redewendung mit übertragener Bedeutung, die man eigentlich in ganz anderen Situationen verwendet. Hier ist die Redewendung aber wörtlich gemeint. Wenn du den Text noch einmal aufmerksam durchliest, findest du rasch die direkte Verbindung der Überschrift zum Text. Gehe auch kurz darauf ein, dass es sich bei dem Satz um eine Aufforderung handelt, die im Text begründet wird.

   Wer Probleme hat oder traurig ist, läuft oft mit hängendem Kopf durch die Gegend, weil er niemanden sehen und einfach seine Ruhe haben will. Die Überschrift zum vorliegenden Text spielt allerdings auf die Jugendlichen an, die ständig mit ihrem Smartphone beschäftigt sind und deshalb mit gesenktem Kopf über das Display wischen oder den Minibildschirm anstarren. Das geht eben in dieser Haltung am besten. Aber genau das, meint Gary Turk, sollten sie lieber nicht tun. Seiner Meinung nach könnten die jungen Menschen ihre Zeit viel besser nutzen, z. B. indem sie ihre sozialen Kontakte persönlich pflegen. Die Überschrift ist deshalb bereits als Aufforderung an die vor allem jungen Leser formuliert, nicht ständig auf ihr Smartphone zu schauen.

4. **Hinweis:** Die technischen Neuerungen kennst du aus deiner eigenen Lebenswelt. Man findet sie in Wohnungen, am Arbeitsplatz und in der Freizeit. Zwar haben sie sich inzwischen weiterentwickelt, aber durch die Beschreibung im Text gelingt dir sicher auch die gedankliche Zuordnung. Unterstreiche die Begriffe beim Durchlesen und suche dir dann vier davon aus, die du stichpunktartig notierst. Vergiss die Zeilenangaben nicht!

Mögliche frühere technische Neuerungen:
- Buchdruck (Z. 83)
- Zeitung (vgl. Z. 86/87)
- Telefon (vgl. Z. 88)
- Fernsehen (vgl. Z. 89/90)
- Videorekorder (Z. 90)

5. **Hinweis: Zu a:** Denke bei der Bearbeitung der ersten Teilaufgabe daran, was echte Freunde oft im Unterschied zu virtuellen ausmacht. Hier kannst du auf die Erfahrungen in deinem eigenen Leben zurückgreifen. Vielleicht hast du dich auch schon einmal einsam gefühlt und Hilfe benötigt. Frage dich: Was habe ich in dieser Situation von meinen Freunden erwartet? Würde ich das Gleiche auch von meinen virtuellen Freunden erwarten?
Zu b: Ohne Vergleich zwischen virtueller und realer Welt lässt sich die Aufgabe kaum lösen. Wie schon in Teilaufgabe a helfen dir die Erfahrungen aus deinem eigenen Leben, um festzustellen, was du über das Zitat denkst. Vor allem ist es wichtig, dass du dir vor Augen führst, was Freundschaft tatsächlich ausmacht und bedeutet, was du aber andererseits auch persönlich von Freunden erwartest und wie wichtig sie dir sind.

a) Bei den 422 Freunden, von denen Gary Turk spricht, handelt es sich um Internetkontakte, also um rein virtuelle Freunde. Er sammelt sie regelrecht, aber eben nur im Datenspeicher. Wahrscheinlich weiß er nicht einmal sicher, ob sie wirklich so aussehen, wie sie sich auf ihren Profilbildern darstellen. Ihre Persönlichkeit kann er nur aus dem erschließen, was sie ihm über sich selbst preisgeben. Er hat kaum die Möglichkeit, zu überprüfen, ob diese Informationen tatsächlich stimmen. In Notlagen oder wenn er sich einsam fühlt, sind seine virtuellen Freunde in der Regel gar nicht vor Ort, weil sie z. B. in einer weit entfernten Stadt leben. Sie können ihn dann nicht trösten, ihm helfen oder gemeinsam mit ihm etwas unternehmen, sodass er auf andere Gedanken kommt. Die vielen virtuellen Freunde sind daher auch nicht zwangsläufig ein Schutz vor Einsamkeit.

b) Wer in die virtuelle Welt eintaucht, muss wissen, dass nichts real ist. Kontakte in sozialen Netzwerken kann man nicht mit Freundschaften gleichsetzen, wie man sie beispielsweise in der Schule knüpft. Das muss nicht unbedingt schlecht sein: In virtuellen sozialen Netzwerken findet man schnell Kontakt und tauscht sich ganz zwanglos mit anderen aus. Wem es schwerfällt, im wirklichen Leben jemanden kennenzulernen, der legt hier vielleicht sogar endlich seine Hemmungen ab. Wer aber nur virtuelle Freunde hat, der wird schnell spüren, dass ihm im realen Leben etwas fehlt. Vor allem in Notsituationen kann man außer ein bisschen Mitleid nur wenig von seinen virtuellen Freunden erwarten. Gary Turk bringt das in seinem Zitat zum Ausdruck. Mir würde auf Dauer auch der direkte Umgang mit den echten Freunden fehlen, bei denen ich spontan mal vorbeikommen kann, wenn ich ein Problem habe, oder mit denen ich etwas im realen Leben unternehmen kann. Ich hoffe sehr für Gary Turk, dass er neben seinen 422 Internetkontakten schnell wahre Freunde außerhalb der virtuellen Welt findet, mit denen er auch mal Sport machen, ins Kino gehen oder eben einfach Spaß haben kann.

6. *Hinweis: Zu a:* In der MSO und im BayEUG sind die Hinweise, Mobiltelefone betreffend, klar formuliert und leicht auffindbar, wenn du die Texte Satz für Satz liest. Formuliere unbedingt in vollständigen Sätzen und beschränke dich auf die vier wichtigsten Aussagen.
Zu b: Jetzt musst du konkret Stellung zur gesetzlichen Regelung beziehen. Achte auf eine objektive Argumentation. Denke nicht nur an deine eigenen Wünsche und Forderungen, sondern überlege, aus welchen Gründen diese Regeln festgelegt wurden. Begründe deine Meinung stichhaltig und nachvollziehbar.

a) *Mögliche Aussagen:*
- Die Sicherstellung von Handys ist erlaubt, weil diese Geräte den Unterricht oder die Ordnung der Schule stören könnten.
- Mobiltelefone sollen in der Schule ausgeschaltet werden, außer sie dienen dem Unterricht.
- Lehrer können Ausnahmen genehmigen.
- Es ist möglich, die Geräte vorübergehend einzubehalten.
- Die Handys werden später an die Erziehungsberechtigten zurückgegeben.

b) Das Problem besteht meiner Meinung nach darin, dass einerseits im Unterricht nicht ungestört gearbeitet werden kann, wenn Handys eingeschaltet sind, wir uns aber mittlerweile so an die Smartphones gewöhnt haben, dass ein ausgeschaltetes Gerät einem Auto ohne Motor gleichkommt. Dass schon vorsorglich Handys abgenommen werden, weil sie stören könnten, finde ich unfair, denn viele von uns haben sich zumindest soweit im Griff, dass sie ihr Smartphone während des Unterrichts nicht benutzen. Statt eines Rundumschlags, der alle Schüler trifft, wäre es doch sinnvoller, nur denjenigen das Handy wegzunehmen, die sich nicht an die Regeln halten. Dass man das Gerät im Unterricht ausschalten muss, verstehe und akzeptiere ich. Allerdings sollte die Regel dann für alle gelten: Bei der letzten Maßnahme zur Berufsorientierung hat der Lehrer der Parallelklasse während eines Vortrags fleißig sein Smartphone bedient. Das kam bei uns Schülern gar nicht gut an. Auch die Ausnahmeregelung finde ich sinnvoll: Als meine Mutter kürzlich im Krankenhaus war, hat sie mir von Zeit zu Zeit kurze Nachrichten geschickt, wie es ihr gerade geht. Das war sehr beruhigend für mich, sodass ich mich besser auf den Unterricht konzentrieren konnte, als es ohne Smartphone möglich gewesen wäre.

7. *Hinweis: Hier sollst du ein Thema aus zwei Blickwinkeln betrachten. Du musst sowohl Argumente für eine handyfreie Woche finden, als auch dagegen. Abschließend gibst du deine eigene Meinung bekannt und gehst noch einmal kurz auf das Argument ein, das du am überzeugendsten findest. Greife auf eigene Erfahrungen zurück, auf Gespräche in der Familie oder im Freundeskreis, aber auch auf Beiträge aus den Medien. Wenn du verschiedene Lebensbereiche einbeziehst, dürfte es dir nicht schwerfallen, die Vor- und Nachteile einer solchen Aktion überzeugend darzulegen. Notiere dir erst alle Ideen stichpunktartig auf einem gesonderten Blatt. Ordne sie dann, indem du eine kurze Gliederung für deinen Aufsatz erstellst. So vergisst du keine wichtigen Punkte und baust deine Argumentation logisch auf.*

Inzwischen gibt es mehrere Schulen, die eine handyfreie Woche erfolgreich durchgeführt haben. Einige Schüler meinten hinterher, sie hätten problemlos auch länger auf das Smartphone in der Schule verzichten können. Es stellt sich die Frage, ob sie das Gleiche von sich behaupten könnten, wenn man den einwöchigen Handyverzicht auf die Freizeit ausdehnen würde.	**Einleitung** *Hinführung zum Thema: Die smartphonefreie Schule – ein Modell zur Nachahmung in der Freizeit?*

Zunächst einmal ist der völlige Verzicht auf das Smartphone mit seinen vielfältigen Funktionen eine ziemliche Einschränkung. Wir Jugendlichen sind mit dieser Technologie aufgewachsen und nutzen sie intensiv, um Alltag und Freizeit zu organisieren. Durch den Verzicht auf sie fehlt uns plötzlich diese Möglichkeit. Wenn man z. B. ins Kino will, kann man dann nicht spontan Karten reservieren. Nutzt man öffentliche Verkehrsmittel, hat man keine Möglichkeit, sich unterwegs per App über Verspätungen oder Ähnliches zu informieren. Unter Umständen bedeutet das erhebliche Zeitverluste. Unpraktisch wird es vor allem, wenn gerade in der Woche des Handyverzichts wichtige Termine wie beispielsweise Vorstellungsgespräche anstehen, für die man ständig auf dem Laufenden sein möchte.

Verzicht auf Smartphone auch für kurze Zeit undenkbar
Organisation von Alltag und Freizeit ohne Smartphone kompliziert und umständlich

Darüber hinaus pflegen wir mit dem Smartphone unsere Freundschaften und organisieren unseren Familienalltag. Wenn man beispielsweise spontan noch nach der Schule einen Freund besuchen will, kann man seine Eltern anrufen und ihnen Bescheid sagen. Mit dem Handy können wir uns außerdem jederzeit mit Freunden über Probleme und Ideen austauschen oder spontane Treffen ausmachen. Fehlt uns der Zugriff auf das Smartphone, sind wir praktisch „lahmgelegt" und von allen Freunden abgeschnitten, die weiterhin ihr Handy benutzen dürfen. Das ist dann wirklich belastend, weil man nicht weiß, was gerade ansteht und man bei dringenden Problemen nicht so schnell um Rat oder Hilfe bitten kann.

Verzicht auf Smartphone schränkt Möglichkeiten zur Pflege sozialer Kontakte ein

Allerdings sollte man sich bewusst machen, dass es nur um einen einwöchigen Verzicht geht. Die Erreichbarkeit ist in dieser Zeit schwieriger, aber nicht unmöglich. Vieles ist vielleicht gar nicht so dringend, dass man es von unterwegs besprechen muss. Schließlich kann man zu Hause immer noch Festnetz- und Internetanschluss nutzen.

Überleitung
Vorausschauende Organisation und Beschränkung auf Wichtiges

Man sollte sich ohnehin überlegen, ob man wirklich ununterbrochen erreichbar sein will, und ob man sich tatsächlich immer etwas Wichtiges mitteilt. Mich stört an meiner ständigen Erreichbarkeit z. B., dass Freunde Treffen oft kurzfristig per WhatsApp absagen. Man kann sich inzwischen eigentlich gar nicht mehr darauf verlassen, dass eine Verabredung wirklich eingehalten wird. Genauso ist es, wenn ich nach einem anstrengenden Tag einfach mal meine Ruhe haben will, aber ständig auf irgendwelche Nachrichten reagieren muss, weil die Absender beleidigt sind, wenn sie nicht gleich eine Antwort erhalten. So gesehen bietet die handyfreie Woche die Chance, sich auch einmal bewusst aus der pausenlosen Erreichbarkeit auszuklinken.

Verzicht auf Smartphones für kurze Zeit möglich und sinnvoll
Wohltuende Pause von ständiger Erreichbarkeit

Auf diese Weise würde man auch Zeit gewinnen, die sich für Wichtigeres verwenden lässt. Oft ist einem gar nicht richtig bewusst, wie viel Zeit man eigentlich mit unsinnigen Smartphone-Tätigkeiten verbringt. Früher habe ich z. B. beim Warten auf den Bus Krimis gelesen, heute beschäftige ich mich meistens mit einem der unzähligen Spiele auf meinem Handy. Auch für Arbeiten, die keine Störungen vertragen, wie z. B. Hausaufgaben und Prüfungsvorbereitung, hätte ich während der handyfreien Woche wieder mehr Gelegenheit. Man würde den Personen, mit denen man gerade zusammen ist, außerdem wieder mehr Aufmerksamkeit schenken. Bei eingeschaltetem Handy hört man oft nur mit halbem Ohr zu und nimmt gar nicht richtig wahr, was der andere einem sagen will. Und man hätte Zeit, mal wieder über sich selbst nachzudenken, über die eigenen Ziele, Probleme und Wünsche. Ein besonders wichtiges Argument, das für eine Woche ohne Smartphone spricht.

Verzicht auf Smartphone schafft Zeit für Wichtigeres

Für einen längeren Zeitraum auf das Handy zu verzichten, wäre wahrscheinlich mit erheblichen Problemen und Unannehmlichkeiten verbunden. Dazu sind wir alle zu sehr mit diesen Geräten verbunden und daran gewöhnt, ihre zahlreichen Funktionen dazu zu nutzen,

Begründete Stellungnahme
Experiment zum veränderten Umgang mit dem Smartphone

uns das Leben zu vereinfachen. Ich glaube aber, dass eine Woche Verzicht kein Problem darstellen sollte. In dieser Zeit kann man den eigenen Umgang mit den kleinen Alleskönnern kritisch betrachten und sich eine Ruhepause von der ständigen Erreichbarkeit gönnen. Der wohl wichtigste Vorteil, der daraus erwächst, wenn wir unseren Handys hin und wieder den Strom kappen, ist aber sicherlich, dass man sich in dieser Zeit wieder auf das konzentriert, was einem wirklich wichtig im Leben ist.

Erfolgreich durch die Abschlussprüfung mit den **STARK** Reihen

Abschlussprüfung

Anhand von Original-Aufgaben die Prüfungssituation trainieren. Schülergerechte Lösungen helfen bei der Leistungskontrolle.

Training

Prüfungsrelevantes Wissen schülergerecht präsentiert. Übungsaufgaben mit Lösungen sichern den Lernerfolg.

Klassenarbeiten

Praxisnahe Übungen für eine gezielte Vorbereitung auf Klassenarbeiten.

STARK in Klassenarbeiten

Schülergerechtes Training wichtiger Themenbereiche für mehr Lernerfolg und bessere Noten.

Kompakt-Wissen

Kompakte Darstellung des prüfungsrelevanten Wissens zum schnellen Nachschlagen und Wiederholen.

Und vieles mehr auf www.stark-verlag.de

Den Abschluss in der Tasche – und dann?

In den **STARK** Ratgebern findest du alle Informationen für einen erfolgreichen Start in die berufliche Zukunft.

Hesse/Schrader — Die 100 wichtigsten Tipps für **Ausbildungsplatzsuchende** — Für eine optimale Vorbereitung in kürzester Zeit

Hesse/Schrader — Die perfekte Bewerbungsmappe für Ausbildungsplatzsuchende — mit CD-ROM — Die 50 besten Beispiele erfolgreicher Kandidaten

Hesse/Schrader — Testtraining 2000plus — Einstellungs- und Eignungstests erfolgreich bestehen — Mit CD-ROM

Angela Verse-Herrmann, Dieter Herrmann, Joachim Edler — **Der große Berufswahltest** — So entscheide ich mich richtig

Hesse/Schrader — Testtraining Polizei und Feuerwehr — Einstellungs- und Eignungstests erfolgreich bestehen — Schutz- und Kriminalpolizei, Bundespolizei, Bundeswehr, Verfassungsschutz und Feuerwehr

Alle Titel zu Beruf & Karriere
www.berufundkarriere.de

Lernen · Wissen · Zukunft
STARK

Bestellungen bitte direkt an
STARK Verlagsgesellschaft mbH & Co. KG · Postfach 1852 · 85318 Freising
Tel. 0180 3 179000* · Fax 0180 3 179001* · www.stark-verlag.de · info@stark-verlag.de

*9 Cent pro Min. aus dem deutschen Festnetz, Mobilfunk bis 42 Cent pro Min. Aus dem Mobilfunknetz wählen Sie die Festnetznummer: 08167 9573-0